Levántate Mujer

Levántate Mujer

"No más abuso"

REV. LUZ C. PIZARRO

Número de Control de la Biblioteca del Congreso de EE. UU.:   2016916583
ISBN: Tapa Dura   978-1-5065-1115-3
                   Tapa Blanda   978-1-5065-1363-8
                   Libro Electrónico   978-1-5065-1364-5

Información de la imprenta disponible en la última página.

Fecha de revisión: 18/10/2016

Para realizar pedidos de este libro, contacte con:
Palibrio
1663 Liberty Drive
Suite 200
Bloomington, IN 47403
Gratis desde EE. UU. al 877.407.5847
Gratis desde México al 01.800.288.2243
Gratis desde España al 900.866.949
Desde otro país al +1.812.671.9757
Fax: 01.812.355.1576
ventas@palibrio.com
724655

INDICE

DEDICATORIA

MI CREADOR HA puesto personas y entidades específicas para cumplir un propósito en la jornada de mi vida. En cada ciclo de mis vivencias como víctima a sobreviviente de la violencia doméstica, han estado allí. Con todo mi amor y respeto le dedico este libro, Levántate Mujer "No más abuso" a mis hijos Samuel, David y mi hija Nahomie. Como madre mi amor por ellos fueron el motor para romper con el ciclo de abusos que atravesábamos.

A mis queridos padres, Máximo Pizarro (mora en la patria celestial) y a mi madre Blanca Iris Soto por su apoyo incondicional en atreverse exponer sus vidas en riesgo para protegernos. Ellos me ayudaron a cuidar a mis hijos y a mi persona para que yo saliera hacia adelante.

Como no olvidar y lo tengo que publicar, mi agradecimiento al refugio Casa Protegida Julia de Burgos en Puerto Rico, por abrir las puertas en el momento preciso que tenía que escapar. Por tanto, los incluyo en mi dedicatoria y un capítulo de mi libro.

La vida siguió su curso y como sobreviviente allí estaba la Reverenda Elizabeth Gómez mi mentora, una mujer visionaria que pudo ver el llamado de Dios para mi vida, aunque otros se preguntaban, "y quién es ella". Las mentoras nos llevan de la mano como hijas espirituales por el camino al llamado de Dios.

A mi querida hermana Elizabeth Pizarro mi gran amiga, ha estado mano a mano conmigo en cada página del libro reviviendo los momentos vividos. El amor filiar es tan fundamentar para el desarrollo de la familia.

En mi dedicatoria también la incluyo a todas las mujeres que han sido abusadas, a todas las entidades que velan por el bienestar de la familia y a las comunidades de fe que nos han abierto las puertas para cumplir con esta misión de Dios, Levántate Mujer" No más abuso." Y a todas aquellas personas que desde este mismo instante hacen un compromiso con el Creador de nuestras vidas, para ser agentes de cambios por el bienestar de cada individuo. Que reine la paz en nuestros hogares y contribuyamos a una sociedad libre de violencia doméstica.

INTRODUCCIÓN

MIENTRAS PREPARABA EL material de los capítulos del libro, Levántate Mujer "No más abuso" venían a mi mente los empujones con violencia que habían acontecido en mi vida. Ahora los veía convertidos en una metamorfosis dando a luz a nuevos proyectos para las mujeres y familias víctimas de la violencia doméstica. Veía la necesidad apremiante que el liderazgo de comunidades de fe incluyera en su calendario de eventos y programas la preventiva contra la violencia doméstica que tanto afecta a la familia. De igual manera, que los caballeros pudiesen aprender la dinámica de la causa y el efecto a dicha situación para ser mejores facilitadores con las vidas que llegan a las congregaciones.

¡Cómo ha transcurrido el tiempo desde que era una jovencita y la experiencia pasada de un matrimonio de maltrato hacían que mis pensamientos revolotearan! Era el "antes y después de la jornada de mi vida" de un romper el silencio en la época de los 80 en la isla de Puerto Rico luchando en contra del sistema eclesiástico que te martillaba "sigue orando" y "el matrimonio es hasta que la muerte los separe". ¡Pensar que me tomé muy en serio "dichas palabras" y planificaba quitarle la vida al abusivo! ¡Era su vida o la mía y tenía que proteger a mi familia!

Con todo el corazón he escrito parte de mis vivencias como una mujer sobreviviente, que pudo encontrarse con un refugio llamado "Casa Protegida Julia de Burgos" cuando más lo necesitaba. ¡Cuántas vidas se encuentran en esa misma situación! Los dogmas religiosos les impiden solicitar ayuda y hacer uso de los recursos preventivos para una vida libre del maltrato. ¡Cuántas siguen sumergidas en la victimización transcurrida en sus vidas!

Cada página de este libro, Levántate Mujer "No más abuso" tiene un propósito y conlleva un proceso, es poder reconocer si somos una víctima o si nuestras acciones abusivas son las que afectan a otras personas. Es un crecer como un ser humano y aceptar la benevolencia de nuestro Padre Celestial.

Todavía sigo creyendo en el llamado de Cantares 2:10 "Mi Amado habló, y me dijo: Levántate oh Amiga mía y ven". Y sigo creyendo que podemos responder al llamado de, Levántate Mujer "No más abuso". En la palabra de Dios está escrito Lucas 10:27 Amarás al Señor tu Dios con todo tu corazón y con toda tu alma y con todas tus fuerzas y con toda tu mente y a tu prójimo como a ti mismo.

Reconocer el valor del amor de Dios en nuestras vidas nos ayudará a modificar ciertas actitudes que son perjudiciales por el efecto de situaciones pasadas y actuales. Es necesario confrontar nuestros propios sentimientos y aprender a tomar opciones, de lo contrario nos atamos en otros tipos de abusos. Aplicarnos el perdón aún por los errores cometidos y aprender a vivir con el efecto de las consecuencias nos hará disfrutar de la benevolencia de Dios. De lo contrario el resentimiento y frustraciones las estaremos proyectando en otras personas que no tienen que ver con dichas situaciones. Hay que romper con los círculos viciosos para subir a las alturas.

Pero hay esperanza y con la ayuda de Dios podemos superar las vicisitudes y en su momento te atreverás a levantarte en tu llamado, para la gloria de Dios.

Una misión que no muere porque sabemos que Dios nos ha dado vida y podemos ser las voces para llevar el mensaje, Levántate Mujer "No más abuso". ¡Es un reto y tú decides!

CAPÍTULO 1

Un Recuento de mi Pasado

ME SENTÍA COMO un pez en el agua y no podía creer lo que estaba aconteciendo. Después de haber confrontado un proceso difícil entre los años 2013 y 2014, ahora vivía en Allentown P.A en una casita que parecía de muñeca y dándole paso a los nuevos proyectos. Mi enfoque era el manuscrito de mi primer libro Levántate Mujer "No más abuso" y enviárselo a la editorial. Mi corazón estaba gozoso, le dedicaría el libro a la Casa Protegida Julia de Burgos en Puerto Rico. Quería compartirles a las refugiadas que yo era una sobreviviente y al igual que ellas ese fue el lugar que me albergó en mi momento de peligro. Hoy en día mi voz se levanta en las comunidades de fe como una activista en contra de la violencia doméstica. ¡Gracias le doy a mi Creador por su benevolencia! Analizaba la catastrófica quiebra de Puerto Rico y la causa y el efecto que tendría en el presupuesto asignado para las entidades que protegen a las familias víctimas del maltrato. Para mí era alarmante si el presupuesto asignado para Casa Protegida Julia de Burgos fuese afectado y no hubiese los fondos necesarios para los gastos operacionales. ¿A dónde acudirán las víctimas de la violencia doméstica?

A su vez se estaba acercando la celebración de mi cumpleaños, eran 61 años y tenía grandes expectativas. Opté por llevar a cabo una pequeña reunión en mi hogar e invitar a varias de mis amistades. ¡Qué sorpresa tan agradable! cuando una de mis amigas me ofreció de regalo el pastel de cumpleaños y todas lo disfrutamos! Llegó el viernes, 14 de agosto de 2015 y ser la anfitriona de mi nuevo santuario era una bendición. Recordé que cuando vivía en la ciudad de Nueva York llevábamos a cabo grupos de apoyo y fueron experiencias que marcaron el rumbo de muchas vidas en una manera muy positiva. Mis

Pizaro, Luz C.

invitadas se acomodaron en la pequeña sala al igual que en la dinámica de los grupos de apoyo, mi persona como moderadora de frente al grupo y mirándonos cara a cara. Cada una de ellas por turno expresaba su nombre, sus talentos en la viña del Señor y cómo habían llegado a esta gran ciudad de Allentown. Al finalizar la velada en un abrir y cerrar de ojos fluyó de mi boca el mensaje de la palabra bíblica que nos identifica, Cantares 2:10 "Mi Amado habló y me dijo, levántate Oh amiga mía, hermosa mía y ven" y nos unimos al fluir de un ambiente espiritual lleno de júbilo. Quedaba establecido que vendrían cambios drásticos para la nueva jornada del Ministerio "Levántate Mujer".

Pasada la noche, vino a mi mente que mi hijo Samuel Camacho cumpliría 40 años al día siguiente, agosto 15 de 2015. El efecto del susto que pasé en el 1975 me hizo dar a luz prematuramente, nos puso entre la vida y la muerte. Las emociones se volcaron y vino el recuento de mi pasado.

Recordaba cuando adolescente era bien tímida y en los grados primarios me transformaba expresando mi pasión por el arte. Me gustaba cantar y era segunda voz en el coro de la escuela intermedia Luis Muñoz Rivera, Bayamón. El escribir, declamar poemas y hacer las decoraciones de Navidad en el salón de clase era un regalo del cielo. A la par me venía perfilando en el atletismo como una corredora veloz y tenía resistencia.

Soy la mayor de cincos hermanos, Juan, José Enrique y Jorge Luis Pizarro. Con el tiempo la familia creció y llegaron Elizabeth y Waldemar. En la escuela superior Dr. Agustín Sthal, Bayamón, Puerto Rico vino un cambio radical a mi vida, las fugas, los novios, un poco de desajuste de la juventud, pero me seguían atrayendo las competencias de pista y campo. Pertenecía al Equipo de las Tigresas compitiendo en los 100 metros planos y relevos de 100 x 400 metros. Qué coraje tan terrible estando en el tramo #2, le entregué el batón a la siguiente corredora con ventaja para ganar y en el tramo final el equipo contrario nos ganó. Estaba como agua para chocolate, le había manifestado que yo tenía que estar en el tramo final a la par del contrincante. Más sin embargo, el equipo de los varones los Tigres, eran más apasionados y dedicados que nosotras en las prácticas logrando grandes triunfos en las competencias intercolegiales. En esa época los deportes de pista y campo estaban en todo su apogeo. La labor llevada a cabo por el profesor de educación física, Sr. Víctor Cintrón ha sido muy bien recordada por su eficiencia. Los estudiantes pudieron contar con un principal muy visionario, Sr. Mariano Ayala, Director Regional de Educación en Bayamón, Puerto Rico. Tengo gratos recuerdos de la clase graduanda de 1972, en el 2014 pude compartir con varios de ellos en el hogar del presidente José y Monserrate Rosado. Ese es el ejemplo de la calidad humana que prevalece en ellos.

En esa etapa de mi juventud me pasaba haciendo ejercicios con mis hermanos en el monte. Corríamos como gacelas en los juegos llamados, rescates y a las escondidas. Cuando llegó la fiebre del karate, allí estaba con mis hermanos y sus amigos, lanzando patadas al aire. Mis padres eran una pareja con un marcado contraste en carácter, edad, constitución corporal, religión y raza. Mi padre, Máximo Pizarro, era bien alto, fornido, de piel bien morena y cariñosamente le decían "chimbo". Su carácter era bien fuerte y era mucho mayor que mi madre, Blanca Iris Soto. Ella es de piel blanca con ojos color miel mejor conocidos como "hazel" (avellanas) de baja estatura y menudita. Ese contraste físico entre mis padres me acarreaba conflictos hasta me preguntaban si yo era adoptada. Tocante a la religión que profesábamos, mi padre creía en las brujerías, mi madre aparentemente era católica y yo era atea, no creía ni en la luz eléctrica. Crecimos viendo las guerras de mis padres y mi madre siempre llevaba la peor parte, hasta que un día vimos un vaso volador aterrizar en la cara de mi papá que lo hizo sangrar. ¡Qué susto llevamos, creíamos que le había sacado el ojo! La misericordia de Dios nos visitó, mi padre que era tan violento se quedó tranquilito.

Otro día vimos a mi madre enrollar un "black jack", era como un tubo de cuero de 12 pulgadas. Se metió al territorio de la amante de mi padre en la misma barriada, lo que ocurrió allí mis hermanos y yo no lo supimos. Por lo visto mi madre se convirtió en una leona (como medida preventiva no le aconsejo a ninguna persona imitar estos actos) pero sí le aplaudimos su decisión de sacar a nuestro padre del hogar. Cuando estaba escribiendo este capítulo la llamé a Puerto Rico y le pregunté sobre el incidente. La hice reír al preguntarle, que le había dado a ella para haberse convertido en una leona, sus palabras fueron muy precisas y a sus 83 años me dijo "me cansé del abuso". Me quedé impactada por su respuesta, de verdad que aplaudí su convicción. Yo creo que mi padre no quiso perder a mi madre y nunca jamás la volvió a agredir.

Las tigresas . . . y no las de fabergé

Cuando había pelea en la vecindad para asegurar la victoria, buscaban a mi padre. Una noche mi madre estando embarazada tuvo que cerrar la puerta con una tranca bien pesada para que él no fuera a participar en una pelea. Para mi sorpresa lo vi lanzar su amolado sable por la ventana y brincó como una pantera. Le faltaba la mitad de un dedo producto de un duelo a machetazos, el contrincante se llevó la peor parte. Tenía una agilidad extraordinaria al igual que trabajador, excelente capataz de equipo pesado, dicho trabajo le había desarrollado unos fuertes molleros y una constitución recia.

En tiempos de tregua fueron días muy hermosos como la llegada de los reyes magos, con tantas ilusiones preparábamos las cajitas de zapatos, las llenábamos de yerba y luego aparecían muchos regalos vistosos. En las fiestas de la familia Pizarro casi todos eran músicos, tocaban el cuatro, guitarra, cantaban y yo aprovechaba para bailar con mi papá. Mi abuela por parte de padre, preparaba unos calderos grandes de diferentes manjares y nunca nos dijo su secreto. Celebrábamos el Año Nuevo y el cumpleaños de mi abuela paterna como una tradición de familia. La ciudad de Guaynabo, Puerto Rico se vestía de gala y la fiesta seguía hasta Villa Palmera. Fueron experiencias inolvidables en nuestras celebraciones de Navidad entre la familia y amistades.

En otras ocasiones nos deleitábamos escuchar a mi madre en su recital de poemas que incluía, "Valle de Collores" del afamado escritor puertorriqueño Luis Llorens Torres. El arte fluía en su voz declamando "Cuando salí de collores fue en una jaquita baya por un sendero entre mayas arropás de cundiamores" y Majestad Negra, poema afro-antillano del poeta y narrador Luis Palés Matos "Por la encendida calle antillana va Tembandumba de la Quimbamba". En este momento de mi vida he podido comprender que la semilla sembrada por mi madre por el amor a la poesía y al arte sigue arraigada en mi persona.

Disfrutaba siendo la mayor de mis hermanos, Juan Pizarro (Papo) tenía una voz de locutor, cuando se mudó para la ciudad de Nueva York tenía un programa en la Emisora Radio Visión Cristiana, en Staten Island y yo le acompañaba para declamar poemas religiosos. Mi otro hermano José Enrique (Titi) le decían "Hulk", levantaba pesas y era bien musculoso como nuestro padre. Jorge Luis, conocido por "Taquito" era un gran bailarín y le gustaba el boxeo. Participaba con ellos en lo que estaba a mi alcance y por ende me fui desarrollando físicamente.

Apaciguados los tiempos de guerra, mi padre estaba muy involucrado en la política y en su poder de convocatoria reunía muchas personas para que asistieran a las caravanas del candidato de gobierno preferido. En el tiempo de las navidades y en los días de regreso a la escuela el alcalde de Bayamón, Sr.Ramón Luis Rivera, padre le suplían los regalos y artículos escolares a la vecindad. Mi padre vino a ser como un comisario del barrio y yo su secretaria anotando los nombres, edades, sexo y las direcciones de los participantes para que no le faltaran sus regalos. ¡Servir a la comunidad es una gran satisfacción!

Cuando nació Elizabeth mi querida hermanita era como mi muñequita, heredó una voz muy bonita y participaba como solista en el coro de niños. Pasaron los años y para sorpresa nuestra mi madre estaba embarazada de nuestro hermanito menor Waldemar e imprevistamente le dio una fiebre bien alta y convulsionó. Hoy es un adulto con limitaciones y de un corazón muy noble. El día que estaba corrigiendo este capítulo, para mi sorpresa recibí una hermosa postal de Navidad con un regalito incluido de mi querido hermano. Estuve llorando un buen rato y lo llamé dándole las gracias. Fue un momento muy emocional para los dos, él le había pedido a mi hermana que le ayudara a escribir un mensaje para mí. Son momentos como estos que nos regocijamos por luchar para que los lazos de la familia perduren a pesar de la distancia. De igual manera sabíamos que tuvimos una hermana mayor que se había muerto siendo una bebecita. También había otra hermana mayor por parte de padre que nuestra madre adoptó como su hija, llamada Lydia. ¡Fue una historia triste por las decisiones que tomó en su vida, pero su descendencia ha luchado en contra de todos los efectos pasados!

Mi padre era un picaflor, hasta el día que una de sus amantes se convirtió al evangelio de Dios y oraba por nuestra familia. Cuando pasaba por frente de mi casa, la insultábamos y ella seguía con su biblia en sus manos sin emitir ninguna palabra. El machismo y el control de mi padre eran tan fuertes que yo quería buscarme un novio e irme de mi casa, se oponía a que yo fuese una bailarina de televisión y el arte me apasionaba. Tampoco tomó responsabilidad en apoyarme para que yo estudiara una carrera de secretaria ejecutiva en administración de empresas.

Mis propias decisiones como opciones marcarían mi vida y me enamoré de un jovencito muy atractivo, llamado Samuel Camacho, sus padres habían sido pastores. Mi padre estaba pendiente de mis pasos y se percató que yo tenía una cita con mi novio en un paraje distante. Como una pantera sigilosa apareció con su sable amolado. ¡Qué susto, mi novio alcanzó a verlo y salió corriendo como un avestruz veloz! ¡Qué momento tan embarazoso!

Vinieron cambios y con ello la época de la marihuana que se convirtió en el atractivo de la juventud y todos ellos se envolvían en ese humo del infierno. Mis hermanos comenzaron a usarla y se espaciaban en las noches en el centro comercial de Villa España, Bayamón. Traté varias veces de fumar por curiosidad, pero me preocupaba perder mi buen estado de salud y fortaleza. Llegaron drogas más fuertes a la vecindad y por otro lado "algo raro" comenzó a atrapar a la mayoría de los habitantes. Parecía que echaron una red invisible y yo estaba en la expectativa. Dicha red invisible procedía del segundo piso del mismo centro comercial donde abrieron una iglesia donde los cánticos fluían por todo el contorno. Mi padre y mis hermanos fueron de los primeros en unirse a dicho movimiento pentecostal. Una noche muy molesta le mandé un mensaje al pastor con mi hermano Juan, "que arreglara la cruz bien grande que tenían encima de la iglesia por que se estaba moviendo y podía caerle en la cabeza a alguien". Mi querido hermano me miró sonriente y me dijo, que la cruz estaba sostenida por grandes clavos de hierro. Esa noche me quedé pensando en ese misterio.

Continué con la búsqueda de mi propia libertad y a escondida de mi padre planeaba ir al show del mediodía transmitido por la Cadena Telemundo Canal 2, Puerto Rico. Tenían un programa muy popular llamado "Los Alegres Tres" y un segmento era de competencias de baile. La costurera se convirtió en mi cómplice y con el patrón que compré me confeccionó un vestido muy especial. Era color negro, perfectamente pegado al torso como un corte de bailarina de ballet con un diminuto pantaloncito por debajo y descubierto en los hombros. Mi compañero de travesuras era un jovencito de la misma vecindad, hijo de un gran amigo de mis padres y nos fugamos a tan codiciada aventura siendo recompensados. Cuando llegamos a la barriada Caridad la gente desde sus balcones nos saludaban, "la hija de Don Pizarro" en la televisión bailando ¡qué escándalo! Al poco rato mi novio llegó alarmado, era bien conocido en su barrio y le dieron la noticia. No tenía ni la menor idea que yo llevaba la música por dentro. Fueron muchos los fines de semana que a escondidas me iba a bailar con un jovencito de la familia y mis padres me hacían en la casa de los vecinos.

Mi padre seguía manteniendo la postura de su negativa a mis planes, pero le dio la oportunidad a mi novio a que viniese a pedir mi mano. Esa ventanita abierta me abrió la mente para considerar en casarme para salir de mi hogar. No creía en el matrimonio, pero me empeñé en que el pastor donde asistía mi padre y mis hermanos me casara. Las ansias me hicieron denegar la propuesta del pastor para que visitáramos la iglesia y luego tomar unas clases pre-maritales.

La decisión fue tomada "me voy de mi casa y hago mi vida en lo que quiero". Inmediatamente rentamos una humilde casita de madera en el sector de Juan Domingo y la fuimos amueblando. Llegó el día señalado y con maleta en manos, me lancé en pos de mi futuro y de la realización de mi sueño dorado. Llenamos el tanque del carro de gasolina y la dirección era recorrer la isla en pos de la aventura.

CAPÍTULO 2

Una Aventura Catastrófica

INICIAMOS LA AVENTURA recorriendo la costa de Puerto Rico desde el norte al sur como lo que éramos, dos jovencitos envueltos en las llamas del amor. El aire fresco de las costas soplaba y yo era como un pájaro con sus alas abiertas disfrutando de la libertad. Hacíamos parada en los kioscos de los diferentes pueblos saboreando las frituras sabrosas de Puerto Rico. Llegamos al pueblo de Salinas y allí los mariscos parecían que nos estaban esperando en una suculenta cena para dos enamorados.

Nos hospedamos esa noche en un hotel del pueblo y yo esperaba pasar una inolvidable luna de miel. Mi querido compañero se sentía medio enfermo, era una especie de gripe, escalofríos, sudaba y con dolores estomacales. Pasaron los minutos y casi sin poder hablar me confiesa, "estoy enfermo pero no de un resfriado, me hace falta la heroína". ¡Qué baño de agua helada corrió por mi cuerpo, la pasión se me enfrió, la luna se escondió y la miel se desapareció! Él no se murió de milagro por la misericordia de Dios, estaba rompiendo vicio y yo no tenía conocimiento de los efectos. Mis emociones estaban encontradas, yo estaba huyendo de mi hogar para lanzarme a mi futuro y ahora aterrizaba en los brazos de un joven que yo amaba pero que usaba la heroína. La aventura se había convertido en una catástrofe.

Regresamos a la casita que él había rentado y preparado como nuestro nidito de amor con una tristeza horrible. Mi compañero y yo teníamos que confrontar la situación, él tratando de romper su adicción y yo cumplir con las responsabilidades de mi empleo. En ese tiempo yo trabajaba como oficinista por contrato en el Departamento de Servicios Generales ELA,(Estado Libre Asociado) bajo la supervisión del Sr. Efraín Vidal. Éste era un gran trovador, maestro del cuatro un instrumento musical muy típico de la cultura de mi país.

Mi nefasta decisión había afectado a mi hermanita Elizabeth, desde que nació la cuidaba como si fuese mi hija. Hasta el sol de hoy mi hermana sigue siendo una persona muy especial para mi vida, la admiro, la respeto y en toda confianza le cuento mis secretos y proyectos.

De mi compañero Samuel fueron varias las sorpresas que recibí relacionadas a la procedencia de sus fuentes de ingresos. Luego vino una trágica noticia y uno de sus hermanos mayores había sido asesinado en la ciudad de Nueva York. Cuando llegó el ataúd yo contemplaba el cuerpo inerte y pensaba que después de la muerte algo existía. En esa sensibilidad mi cuñada me invitó a visitar la iglesia que estaba en Villa España y por su crecimiento se habían mudado a la Urbanización Hermanas Dávila en Bayamón. Al poner mis pies en el pasillo que me conduciría a la puerta del templo, pude escuchar una voz muy varonil cantando y apresuré mis pasos. Yo estaba en son de "coquetona" y quería ver de frente quién entonaba, "Oh juventud puertorriqueña, Jesús te llama". Qué vergüenza sentí, estaba cantando mi hermano Juan Pizarro. Estaban celebrando un servicio de la juventud y al escuchar el mensaje de la predicación en boca de una jovencita corrí hacia el altar llorando. Mi hermano Juan me abrazaba y los feligreses estaban bien gozosos. ¡Un ambiente bien especial se manifestaba en ese momento!

Seguí asistiendo a la iglesia y llegó el día esperado de una gran campaña en el parque Juan Ramón Loubriel en la ciudad de Bayamón. Estaba embarazada y me vestí con una bata azul bien cómoda, pero un calor sofocante recorría por todo mi cuerpo. Ya ubicada en el parque comencé a sentir una corriente por todo el cuerpo y gritaba a todo pulmón "gloria a Dios y aleluya". ¡Mi brazo temblaba y me causó un gran susto! Los ujieres me llevaron a donde mi hermano y con mucha paciencia él me explicaba lo que me estaba aconteciendo. Me volvieron acomodar en la silla y de pronto se armó un revuelo, me puse de pie e inexplicablemente comencé a pelear con un personaje invisible diciéndole que "ya yo no le pertenecía y que ahora le pertenecía a Jesucristo". Optaron por llevarme al centro del parque para que el pastor orara por mí. Estaba brincando de gozo y de pronto comenzó a caer unas lloviznitas suaves que me hacían sentir un refrigerio y llorando levantaba mis manos. Finalizada la campaña, me llevaron a mi hogar sujetaba de la mano para que no me desplomara, era como si estuviese caminando en las nubes. Esa noche mi compañero y yo no pudimos dormir, no cesaba de darle gloria a Dios eufóricamente. Él sabía lo que me acontecía pues de niño asistía a la iglesia. A la medianoche me llevó a donde una vecina para que orara por mí, movilizó a otros feligreses del área y decidieron llevarme a la casa del pastor. Éste a su vez le aconsejó que me llevaran a la casa de mis padres y me recibieron con mucho amor y comprensión. Irónicamente mi compañero me había regresado a mi hogar, él entendía que Dios estaba tratando con mi vida. ¡Quién diría que Lucy Pizarro la joven de unos 20 años, que no creía en religión (aunque en el fondo algo me decía que existía algo diferente) que quería ser artista estaba gritando "gloria a Dios y aleluya"! Mi familia entendió que la decisión de mi compañero de regresarme a mi hogar era la más correcta, por tanto no hubo recriminaciones. La relación entre mi compañero y mi persona se quedó en un tiempo de pausa.

En la iglesia oraban por peticiones especiales y entre ellas por las personas que no tenían empleo, a los pocos días me llamaron del gobierno para una entrevista de trabajo como recepcionista del Departamento de Comercio. Mi nombre estaba en la lista de la convocatoria para dicha posición y yo no me acordaba. En el día de la entrevista obviamente se percataron que yo estaba embarazada y por gracia de Dios me escogieron para dicha posición. Se marcaba una nueva etapa en mi vida, como profesional en las comunicaciones. Seguí viviendo en el hogar de mis padres y llegó el día de mi cumpleaños, el 14 de agosto de 1975 y cumplía 21 años, la muchachita espigada ahora tenía 8 meses de embarazo. El padre del fruto de mi vientre tenía una cita en la corte de Bayamón y opté por acompañarles. Desconocía cuál era la situación, pues él ni su familia me informaron sobre el asunto. En plena sala de la corte, al escuchar al juez leer los cargos de los delitos, el lado derecho de mi barriga brincó produciéndome un fuerte dolor. Me llevaron al hogar de mis padres para que descansara y mi cabeza me quería estallar. En la noche no pude dormir, cada vez iba al baño, me mojaba, me dio un fuerte dolor y estaba sangrando. Mis queridos padres se pusieron a orar y una gran amiga de la familia, Ramona Robles conocida por "Pusín" me llevaron de emergencia al hospital de Bayamón. Mi querida madre muy ferviente en la fe se quedaba cuidando a la familia para tranquilizarlos. En el hospital fueron muy eficientes, rápidamente me prepararon y me enviaron de emergencia al Centro Médico de Puerto Rico. El diagnóstico, placenta previa en mis ocho meses de embarazo y primeriza. ¡Qué manera de pasar un cumpleaños, pero estaba en paz!

Al llegar al Centro Médico, vino un lapso de tiempo que ya no sentía ningún síntoma de dolor ni sangraba. Al otro día agosto 15, sentí una molestia como de menstruación que me hincaba y para la enfermera eso era normal. Algo extraño acontecía en mi interior y saqué fuerzas para gritarle "busca al doctor me siento rara". Cuando ella miró el monitor la habitación se llenó de doctores y enfermeras, me encontraba entre la vida y la muerte. Estaba sangrando profusamente y no tenía fuerzas para pujar, mi bebito y yo estábamos a punto de morir. Comencé a marearme, me pusieron la máscara de oxígeno y escuchaba las voces lejanas de los doctores que decían "se nos está yendo" "se nos va". Dejé de sentir mi cuerpo y sólo tenía tacto en las puntas de los dedos y trataba de tocar la bata de la enfermera para que supiera que yo estaba todavía en mi cuerpo. Detrás de la piel de mi rostro había una sonrisa y en mi mente decía "Señor me estoy yendo y me voy contigo". ¡En esa paz perdí la noción del tiempo!

Pasaron muchas horas cuando pude despertar con un dolor insoportable en mi vientre y con muchos vómitos. ¡Qué horrible, me practicaron de emergencia una cesárea, no tenía fuerzas, no podía hablar y las enfermeras evadían hablarme de mi bebé! Al llegar mi familia y el padre de mi criatura estaban llenos de alegría al verme viva. Como algo milagroso también celebraba que le habían dado una probatoria por los cargos que tenía. Mi familia y el padre de mi hijo de igual manera evadían hablarme de mi bebito, me decían que estaba en su cunita esperando que yo me recuperara. No resistía tanto misterio y sin poder caminar fui al piso donde estaban los recién nacidos. A través del cristal vi una incubadora con un bebito bien pequeño, con máquinas por doquier y se me rompió el corazón. Pude divisar el nombre escrito de la madre de dicha criatura, para mi sorpresa leí mi nombre y casi me desmayo. Mi hijito estaba tratando de sobrevivir. Subí las escaleras para llegar a mi habitación con un desespero horrible y con el peligro que los puntos se abrieran. Estaba en crisis y llorando llamé al pastor para que oraran por mi bebito. El diagnóstico dado era del infierno, sería un vegetal si era que sobrevivía. Era alimentado por las venas ya que no toleraba ninguna clase de leche. En mi desespero buscando respuestas, abrí la Biblia buscando consuelo y mis ojos se toparon con el evangelio de Juan Capitulo 11: 4 "Oyéndolo Jesús, dijo: Esta enfermedad no es para muerte, sino para la gloria de Dios, para que el hijo de Dios sea glorificado por ella". Cuán grande es la misericordia de Dios, dicha palabra causó alivio a mi corazón.

Las puertas del hospital estaban las 24 horas disponibles para que visitáramos a nuestro bebito. Lo dieron de alta, pero sujeto a un tratamiento y un cuidado muy especial. El uso de los "fórceps" para ayudarle a salir de mi vientre, hasta el día de hoy lleva la marca de dicha herida. La incógnita era, quién lo cuidaría en tan delicada situación, yo tenía que regresar a mi trabajo para cumplir con mis responsabilidades. Siempre Dios nos abre las puertas y la madre de uno de los amigos de mis hermanos, mujer de fe llamada Cándita me lo cuidaría durante el día y cuando yo regresaba del trabajo mi querida madre Blanca Iris me asistía. El padre de mi hijo y su familia se unieron en los gastos y en apoyo. Veía la provisión de Dios que nos suplía abundantemente, mi padre era mi brazo fuerte.

Tenía que confrontar otra situación de mi nombramiento como telefonista en el Departamento del Comercio, el nuevo administrador quería que me volvieran a dar tres meses de probatoria. Cuando ocurrían cambios de gobierno, las posiciones existentes también sufrían cambios. Otra vez pude ver el favor de Dios, el departamento de personal no lo permitió. El Secretario de Comercio, Sr. Juan Herminio Cintrón un caballero de alta estima y principios tenía una Biblia en su oficina y compartía pensamientos de fe con los empleados. De igual manera aceptaron la propuesta del encargado del almacén para que nos prestaran las facilidades en el tiempo de almuerzo y estudiábamos la palabra de Dios. Todos los jueves teníamos la libertad de usar un auto parlante y predicar las buenas nuevas de salvación frente al edificio. Las entidades gubernamentales estaban ubicadas en ese perímetro llamado Isla Grande. Entre ellas se encontraba el Departamento de Desarrollo Comercial, el cual estaba situado frente a mi zona de recepción y trabajaba un joven llamado Ramón Luis Rivera, hijo del alcalde de Bayamón. Fueron mis primeros pasos como predicadora al aire libre, la damita que yo había reemplazado como telefonista/recepcionista ferviente mujer de fe, de la Iglesia Bautista nos apoyaba.

Transcurrido el tiempo mi hijito Samuel había sobrepasado a la muerte. Su padre lo paseaba en su carro preparado para las carreras. Cuando era su novia le acompañaba a la pista de Tortuguero en Vega Baja y me atreví a ser su co-pilota en una carrera. Sorpresivamente el padre de mi hijo manifestó que quería un cambio en su vida. Me pidió que me casara con él y estaba haciendo las gestiones para ingresar en un programa de rehabilitación cristiano. Hablé con mi papá al respecto y aceptó dicha proposición. La realidad era que mis padres oraban por su vida al igual que los feligreses de la iglesia, sus padres eran muy conocidos en el ámbito de la fe.

En el 1976 tuve el privilegio de que un humilde joven llamado Rev. Jorge Raschke de la ciudad de Bayamón me uniera en matrimonio con el padre de mi hijo. En la intimidad de su acogedor apartamento nos sorprendió con un bizcocho de bodas. ¡Cómo ha transcurrido el tiempo y hasta donde Dios le ha llevado para su gloria y su honra! Su trayectoria y el Clamor a Dios han dejado huellas a nivel mundial.

Mi esposo y yo rentamos una hermosa casa en la Urbanización de Rexville, Bayamón en la cual yo me mudaría con mi hijito mientras el asistía al programa. Estábamos en espera que instalaran la luz, el agua y finalizaran los arreglos básicos. Mientras tanto yo seguía viviendo en el hogar de mis padres y él en la casita ubicada en el sector de Juan Domingo donde ocurrieron varios sucesos muy extraños. Él insistió que escribiera en un papel su número de seguro social y me enfatizaba que él había trabajado en una tienda por departamento y en un taller de carros. En otra ocasión mientras visitaba la casita en que vivía me preguntó si yo tenía dinero, esto me era muy raro en él, pues nunca había indagado en mis asuntos referente a mi salario. Le respondí la verdad, en ese momento no tenía dinero y tranquilamente me dice que yo estaba mintiendo. Otra sorpresa más, por lo visto había estado rebuscando mi cartera, vio mi dinero pero no se lo llevó. Me puse bien molesta y le enfaticé que el dinero que estaba en la cartera era el diezmo y lo iba a llevar a la iglesia en mi compromiso con Dios. Pasaron los días y no había cumplido su promesa de ingresar en el programa de rehabilitación.

Al llegar a la iglesia me encuentro con una gran conmoción, las ofrendas y los diezmos se los habían robado del hogar de la tesorera. Por las evidencias del "modus operandi" de los ladrones, conocían muy bien el lugar y sabían muy bien los días que las ofrendas permanecían en dicho hogar hasta ser depositados al banco. Por otro lado, el pastor daba la impresión que sabía quiénes eran y alertaba a los feligreses que pasaran la voz, según sus palabras" Dios quería darles una oportunidad a los malhechores". En mi interior sentía algo raro e inexplicable que me apretaba el pecho.

El día estaba muy lluvioso y mi esposo apareció de sorpresa al lugar de la recepción de mi trabajo para buscarme cuando yo saliera del trabajo. Le agradecí su buen gesto, él no quería que el mal tiempo me afectara. Lo notaba muy desesperado, sudoroso y se fue casi corriendo para el baño. Uno de los supervisores vino a informarme que mi esposo no se sentía bien.

El mal tiempo seguía azotando y el día se puso más negro que la noche. De camino al hogar de mis padres tuvimos una conversación que me tenía muy desconcertada. Yo deseaba tanto que se reconciliara en la fe y que ingresara en el programa pero sus respuestas eran incoherentes. Me decía "yo no creo que me voy a mudar a esa casa, todo es si Dios me lo permite" sin mirarme a la cara. No podía creer lo que escuchaba, yo daba por seguro que Dios podía libertarle y estaba orando fervientemente. Me llevó al hogar de mis padres y luego regresaría para llevarme a la iglesia.

No cesaba de llover y mi esposo regresó cumpliendo su compromiso. Mi hijito Samuelito era muy apegado a su padre y se ponía muy contento al verle. Mi hermanita Elizabeth me acompañó para ir a la iglesia. Una vez más se mostraba muy nervioso y al dejarme frente de la iglesia no se atrevía a mirarla. Lo observaba raro y le insistí tanto a que estacionara el carro y nos acompañara. No me hizo caso, nos despedimos y se marchó. Qué noche tan terrible cuando el pastor predicaba el mensaje y decía "aquí hay alguien que ha de ser probada su fe" y mi corazón se aceleraba sabiendo que se refería a mi persona. Otra vez habló que Dios pondría la mano sobre los que se llevaron las ofrendas y era una iglesia de más de trescientos miembros. De pronto, mi hermano Juan se acercó a donde yo estaba sentada para decirme que al frente de la iglesia había una joven escuchando el mensaje y quería que yo fuese para que le hablara. Hay momentos que te sientes en angustia y Dios pone en el camino personas para que le hables y así lo hice.

Me quedé esperando a mi esposo, no vino a buscarnos y era muy extraño. Mi querido hermano me llevó al hogar de mis padres y antes de marcharse me pasó su mano por mi rostro acariciándome sublimemente. Era una mano suave y en mi mente dije, "Señor eres tú quien me está acariciando y parece que me estás consolando". Me fui a dormir para cumplir con mis responsabilidades del trabajo y a la media noche me levanté sobresaltada escuchando voces en el balcón, mi padre estaba con la biblia en la mano. Muy sorprendida quise saber qué estaba aconteciendo y serenamente me dio la noticia que mi esposo había tenido un accidente. Yo quería ir corriendo al hospital y orar por él, pero no entendía el porqué lo habían trasladado a un hospital de Fajardo si el accidente había sido en Bayamón. Me llevaron al hogar de mis suegros y al entrar por el garaje de madera el impacto de un rayo vino a mi mente y mi corazón se sacudió. Las palabras del pastor se hicieron claras y pude entender que mi esposo había sido uno de los que se habían llevado las ofrendas y diezmos del hogar de la tesorera. Era como una pesadilla y un joven desconocido se me acercó para confesarme, "que desde el momento que mi esposo se había llevado ese dinero nunca volvió a tener paz y su desespero era que sentía que alguien lo perseguía". La palabra de Dios dice en Proverbios 28:1 "huye el impío sin que nadie lo persiga" También me confesó, que mi esposo se sentía muy mal porque que yo era muy diferente a él y que nos amaba mucho. Ese día fue bien negro para mi vida y me faltaba el aliento. El abrazar a mi suegra fue un dolor tan grande, toda la familia y las amistades estaban embargadas en la terrible noticia de su accidente y se corrió la voz como pólvora, la mano de Dios vino sobre su vida. Era vergüenza lo que yo sentía y una tristeza bien profunda que le pedía perdón a Dios por haberme casado con un joven que le había robado. Ahora la incógnita era quién era su cómplice. Había otros cómplices que lo escoltaron para que botara el esqueleto de un carro robado. Ellos presenciaron cuando mi esposo se estrelló contra los tubos de cemento de una construcción. No sabían qué hacer ni qué decirme, el luto me había arropado y esas fatales memorias seguirían en sus vidas.

Cuando llegó el féretro, su rostro estaba completamente hinchado. En nada se parecía al jovencito con nariz respingona y carita perfilada y de sonrisa dulce. El día del entierro el carro fúnebre estaba cargado de vistosas flores y su hermana Lydia y yo llorábamos desconsoladamente. Cuando estaban bajando el ataúd sus hermanos me agarraron fuertemente, casi me desmayo. Mi hermanita Elizabeth se recuerda que yo quise tirarme a la fosa y ella en su ingenuidad quería que Jesucristo lo resucitara como Lázaro. Mis padres siempre a mi lado en su apoyo y consolación sufrieron conmigo.

Eran emociones encontradas, su madre lloraba mucho, su hijo menor era la luz de sus ojos. Le consentía demasiadas cosas y yo me molestaba muchísimo. Cuando regresamos del cementerio, la casa de sus padres lucía sombría y llegó un carro fúnebre con una corona de flores grandísima que habían enviado mis compañeros del Departamento de Comercio. ¡Qué impacto tan fuerte, en el luto de nuestras vidas la vistosa corona parecía que nos miraba y volvíamos a llorar! Pude entender lo que dice la palabra de Dios en Deuteronomio 4:24 "Porque Jehová tu Dios es fuego consumidor, Dios celoso". Por fin descubrimos quién era la persona que había invitado a mi difunto esposo a tal locura, su cómplice tenía un nombre y apellido muy conocido. Vivía en un cuarto al lado de mis padres, estaba encerrado y le toqué a la puerta fuertemente. Por fin abrió y no se atrevía a mirarme a la cara, le grité, le recriminé que él era quien conocía a la tesorera. No podía responderme, era uno de mis hermanos de sangre Jorge Luis Pizarro, que dolor para todos.

En medio del luto, fui bendecida al trabajar en el gobierno ya que me asignaron una parcela en el sector la morenita de Bayamón, cerca de la Iglesia que había sido levantada por mi hermano Juan, del Concilio Iglesias Cristiana Misionera. El Sub- Secretario de Comercio y mis compañeros de trabajo hicieron una cuantiosa aportación para los gastos fúnebres.

Transcurrido el mes llegó una visita muy inesperada para hacerme preguntas relacionadas a mi difunto esposo. Era un representante de la entidad llamada ACAA (Administración de Compensación de Accidentes de Auto) y le mostré el álbum de fotos, el certificado de matrimonio y la información del seguro social que con tanto ahínco mi esposo quería que yo lo supiese. El investigador estaba verificando mi versión de mi relación con mi esposo. Se sorprendió al saber que teníamos un hijo en común y fueron momentos difíciles con su familia. La pregunta crucial era el porqué yo no había solicitado los beneficios del ACAA. A mi criterio, él había actuado en contra de la ley, pero las evidencias presentaban que esa noche estaba muy lluviosa y la compañía constructora no había puesto los anuncios preventivos de ley que dicha zona era de peligro. Estaban en construcción, por tanto se consideró como un lamentable accidente por la negligencia de la constructora. El supervisor me entregó unos papeles para que los firmase y me informaba que mi hijito de un año sería beneficiado por dicho accidente y yo por quedar viuda. No lo podía creer, nos asignaron una pensión mensual y tenía la opción de hacer una inversión en comprar o construir una casa. Estaba muda, no podía creer lo que me estaba aconteciendo, un terreno y ahora un dinero para construir y aparte de eso yo tenía un buen empleo y hasta recibiríamos la pensión del seguro social para ambos. Era cierto, en un tiempo dado mi conflictivo difunto esposo había trabajado correctamente y tenía los créditos suficientes en el seguro social.

Definitivamente había una lucha invisible para destruir mi vida y una mano poderosa para levantarme. La aventura catastrófica había dado un giro de cien grados. Cuán grande es la misericordia de Dios por nuestras vidas.

CAPÍTULO 3

911 Soy Una Víctima de la Violencia Doméstica

AL INICIAR ESTE capítulo el lunes, 7 de septiembre de 2015 vino a mí memoria que el 4 de septiembre de 1977 estaba contrayendo matrimonio por segunda vez. Las preguntas que siempre me hacían eran las siguientes: ¿cómo ese hombre había llegado a mi vida? ¿cómo fue que pude volverme a casar después de tan trágico desenlace de mi primer esposo? Lo que sí podia entender era que hay sucesos que ocurren en nuestras vidas que no tienen explicación y que te encuentras con personas que quizás crees que son de bendición y es todo lo contrario. Pero no importa la situación o las circuntancias adversas, hay que levantarse.

Había comprado un carro (antes que mi esposo perdiese la vida) que seguía estacionado en la marquesina de mi hogar en Rexville, Bayamón y decidí ir con mi hijito a dar una vuelta por la urbanización. El carro comenzó a dar indicios de querer apagarse y quedó varado frente a una casa muy hermosa. Del interior del lugar venía caminando hacia mí un hombre alto, de tez blanca, muy atractivo y amablemente se dispuso en ayudarme a componer el auto. Al escucharme llamar a mi hijito Samuel por su nombre la sorpresa nos impactó a los dos, él conocía a mi difunto esposo. ¡Qué increíble, él vivía con su hermana mayor, su cuñado y sus sobrinas cerca de mi pequeña casita en Juan Domingo y ahora se habían mudado para la misma urbanización que yo! ¡Era demasiada casualidad para ser verdad! Nos presentamos oficialmente y Fernando Malavé bromeó con el hecho que en una ocasión le había regalado a mi difunto esposo una caja de alimentos para nosotros. Él tenía conocimiento que su amigo Samuel Camacho estaba casado pero no sabía con quién. Con este cuadro de coincidencias se nos hizo alivianada tener una conversación y para efecto él era un joven de buena familia. De ese punto iniciamos una amistad, lo invité a mi iglesia y aceptó a Cristo como su Salvador personal. El panorama se presentaba muy positivo, era muy trabajador y con una vasta experiencia como mozo de restaurantes. En la iglesia había personas que lo conocían de la vecindad y mis amistades lo recibieron en buena lid.

Fue surgiendo un enamoramiento y de pronto vinieron los conflictos. En esos tiempos la doctrina que te enseñaban era la siguiente, si te agarrabas de manos con tu novio no era adecuado y por ende tenías que casarte inmediatamente para evitar que cayeses en fornicación. Esas reglas me hicieron sentir incomodísima y por otro lado tenía que litigiar con los argumentos de mi madre que decía que "algo" le chocaba de Fernando. Yo achacaba su sentir por su apego a mi difunto esposo. Mi padre optó por darme el espacio para que intentara una nueva vida y que me sobrepusiera de la trágica experiencia pasada. Fuimos interrelacionando con su familia y llegó la propuesta de matrimonio. A su vez el pastor consistió en darnos la bendición, mi madre seguía en la actitud que no le tenía confianza y alegaba que se había casado con mi persona por el interés a mi estatus financiero.

Planeamos la boda para un domingo, 4 de septiembre de 1977 y nos fuimos de luna de miel a un suntuoso resort en Humacao. Regresamos a mi casa de Rexville y todo iba marchando favorablemente. Pasados los meses pude notar que por dos ocasiones el cheque de la pensión que me enviaban del ACAA no había llegado y al hablarle del tema, él lo evadía. Secretamente hice el reporte y fue iniciada una investigación que al final del tiempo mostraba que estaban siendo cambiados por "alguien" en una bodega cercana donde vivía su hermana. Efectivamente, Fernando Malavé con engaños le había mentido al dueño y a mi persona, mi querida madre no se había equivocado. Al verse descubierto trataba de enmendar sus actos y según él quería mantener el matrimonio.

De pronto nos encontramos que los dueños de la casa no querían que él viviese allí, teníamos que mudarnos, yo estaba embarazada y desconocía lo que estaba aconteciendo. Nos mudamos a un pequeño apartamento situado frente a la iglesia que asistíamos y se volvió a notar un cambio favorable en Fernando. Yo quería de todo corazón que nuestro matrimonio tuviese un fundamento en Cristo Jesús. ¡Era una presión fuerte para ambos!

Estábamos en una lucha espiritual que batallaba contra mi vida y bajando las escaleras del hogar de mis padres, Fernando estaba detrás de mí yo di un paso en falso y caí rodando. Él se asustó mucho y me llevaron al hospital de emergencia recomendándome descanso, gracias a Dios que no hubo consecuencias en mi embarazo. Mi madre estaba molesta por ese incidente, la conocía muy bien, se le ponía su rostro rojo como un tomate y los ojos aceitunados le saltaban, pensaba que él me había empujado y yo no quería delatarlo. Tomé un tiempo para escudriñar la palabra de Dios, en el libro de los Hechos 2:1-47 capítulo 2, La Venida del Espíritu Santo. Me llamaba mucho la atención el tema de hablar en otras lenguas, todo era desconocido para mí pero interesante. Tuve que ir de emergencia al hospital, porque mi hijo Samuel ardía en fiebre y estando allí se percataron que estaba muy hinchada mostrando dificultad para caminar y al hacerme el estudio yo estaba dilatando. Me dejaron hospitalizada y le pedí tanto a Dios por un parto sin complicaciones, estaba segura que sería una niña. Gracias a Dios por las buenas amigas que vinieron a socorrer a mi hijo y a mi persona en dicha situación. Efectivamente en ese 1978 vino mi segundo alumbramiento, estaba establecido que se llamaría Nahomie, al verla se perfilaba en la genética de su padre, de tez blanca, hermosa y con tan buena salud que la dieron de alta antes que a mí.

Cuando me dieron de alta, desde mi hogar escuchaba los cánticos y el mensaje que se predicaba en la iglesia, yo seguía pensando en el hablar en otras lenguas. Ya era de noche y no podía entender que estando recién parida con la bebita en brazos su padre no llegara, algo andaba mal y la tristeza invadió mi alma. Finalizado el servicio, mi hermano Juan vino a visitarme y al rato apareció Fernando, se notaba que estaba embriagado. Me levanté de la cama y me puse a orar por Fernando, de mi boca comenzó a fluir otro idioma en otras lenguas lo cual eran interpretadas en español por Juan. Era una amonestación para mi esposo que se estaba descarriando de la fe, el estupor de lo que había ingerido se le fue y sus ojos grandes estaban como dos bombillas de lo sorprendido que estaba. Mi pensamiento era que Dios lo amaba tanto que había hecho algo sobrenatural para advertirle que su vida estaba en peligro. Al día siguiente mi hogar estaba repleto de feligreses, la noticia se había regado que yo hablaba en otras lenguas, a su vez bendecían a mi bebita ya mi persona. ¡Ese tiempo fue muy especial!

Nuestra tranquilidad fue irrumpida, el enojo de Fernando no tuvo límite en contra de un feligrés que habíamos contratado para hacer la zapata de la casa en construcción. Se estaba demorando mucho en colocar los ladrillos de cemento, pero la reacción de mi esposo estaba fuera de control y estaba decidido a golpearlo frente de la iglesia. Esta situación causó que él mismo se tuviese que hacer cargo de la construcción y a mí no me agradaba que administrara mi dinero para la compra de los materiales. Mi padre vino al rescate y construyó el muro de contención en la parte trasera de la casa.

Nos mudamos a una casa en el Reparto Valencia y a su vez seguíamos con la construcción. Todas las acciones de Fernando eran impredecibles y poco a poco su tono de voz se levantaba contra mi hijo Samuel que ya tenía unos cuatro años. Lo regañaba mucho y siempre quería golpearlo, era como si yo luchara contra un demonio. Me quedé petrificada cuando estábamos cenando y a mi hijo los nervios le causaron vómitos y lo amenazó con obligarlo a comerse los mismos. La furia me arropó y mi corazón se llenó de un sentimiento muy negativo. Esa noche quiso golpearnos con un cable y cuando corrimos el golpe fue a la espalda de mi querido hijo. Nos refugiamos en la casa de unos pastores por varios días y ellos no se atrevieron a llevarme a reportar el incidente. Tantos pensamientos vinieron a mi mente. ¿A quién le voy a decir esto? ¿Qué van a decir en la iglesia? ¡Si se enteraba mi padre, algo grave podía acontecer! ¡Ya era un 911, pues era una víctima del maltrato! Regresé a la casa bajo una tregua, tenía que seguir construyendo mi hogar y contratar otras personas para aligerar el proceso.

*Como todo ciclo de violencia doméstica luego de la agresión viene el arrepentimiento cargado con regalos, su nuevo empleo le devengaba mucho dinero. Muchas víctimas le dan otra oportunidad al abusador para que cambien, en las comunidades de fe les recalcan que sigan orando para mantener la familia. La mente se aturde y en esa época no existía el llamar al 911 y decir "soy una víctima de la violencia doméstica", la familia se afecta y es un tabú.

Hubo días que él llegaba de madrugada con una conducta de zalamería y complaciente. Sus juegos se hicieron pesados, un día me empujó y caí al piso achocándome con la bañera. Estaba mareándome, su reacción fue de pánico, no se atrevía llevarme al hospital y enfrentar las consecuencias. Trataba de todos los medios hacerme reaccionar y mis niños estaban asustados. Los días se convirtieron en semanas, luego en meses y llega un nuevo año con altas y bajas y quedé embarazada de mi hijo David. La llegada de su hijo varón bajó la marea, pero un día encontré en el botiquín del baño una cuantiosa suma de dinero, producto de su "llamado trabajo". Le indagué, se molestó pero trató de tranquilizarme con regalos, estaba ocultando algo. Yo trataba de ser la mujer virtuosa pero estaba perdiendo mi identidad, se estaba quedando encerrada dentro de mí la mujer que yo quería ser. Al llegar a la iglesia recibí una gran sorpresa, la propietaria de la casa estaba allí alegando que no se le estaba pagando la renta. La pastora se me acercó para decirme unas palabras bien hirientes, se atrevió a decirme "que yo estaba destruida por haberme casado con ese hombre", y le dije "que yo no estaba destruida y que ella no sabía de dónde Dios me había sacado". Yo estaba molesta, no podía creer que con sus vestiduras de piedad me estuviese golpeando verbalmente, cuando nunca se había sentado con mi persona para preguntarme de mi matrimonio y le perdí el respeto. No podía confesarle a mi madre la vida que estaba llevando pero ella tenía la sospecha. Mi papá nos brindó que nos fuésemos a vivir en una habitación de su humilde hogar. Como siempre, no importaban las situaciones adversas que yo confrontara, mis padres estaban siempre dispuestos a ayudarme y nunca me dejaron caer en crisis.

En el ambiente fluía un movimiento nebuloso entre mis hermanos, sus amigos y mi esposo. Fernando tenía que tragarse sus palabras abusivas y no las podía manifestar, porque mis padres estaban siempre pendientes. Tomé una decisión drástica, de irme a vivir a mi casita en el sector la Morenita, aunque no estuviese terminada. Le pedí tanto a Dios y me dio las fuerzas para enfrentar dicha odisea. Llegamos a mi casita, estaba sin empañetar, el piso sin pulir, en el sector no había agua y era provista por un camión que la repartía. Otras veces la buscábamos a una pluma fluvial cargándolas en grandes cubos. Amaba mi terreno, ver las estrellas brillar y al otro extremo veía una iglesia de madera muy avivada que se alumbraba con faroles, llamados "quinqué". De repente, mi esposo quería darse otra oportunidad sirviéndole a Dios y optó por dejar el trabajo que tenía en las noches y visitar la iglesia. Ahora le llamaban el hermano Fernando y comenzamos a asistir a la iglesia fervientemente.

En ese mover espiritual, se perfilaba que yo tenía un llamado específico de parte de Dios, orábamos, vigilábamos, ayunábamos y los dones del espíritu santo fluían en la congregación. En mi persona los temas de los mensajes fluían a medida que estudiaba la palabra de Dios y me invitaban a predicar en diferentes congregaciones. Fernando se compró una guagua vieja y la rotuló con el mensaje "Cristo Viene" convirtiéndose en el chofer de mis compromisos con las iglesias. Llegó el momento que el pastor me hizo la siguiente pregunta, "que si alguna vez yo había pensado en pastorear una iglesia" y Fernando Malavé se sintió incomodado. Según él, dicha posibilidad de yo pastorear era imposible que sucediera, en el ámbito espiritual su malestar estaba declarado y vino el celo espiritual. Se desencadenó un infierno en mi hogar y tuve que dejar de asistir a la iglesia y a mis compromisos. Una vecina me había informado secretamente que escuchaban los nenes gritando cuando yo salía a mis compromisos.

* Cuando una persona es afectada por la violencia doméstica, no es recomendable que deje a sus hijos con dicha persona. Los abusan verbalmente, físicos y les amenazan si hablan de lo ocurrido. Otros aprovechan para ponerlos en contra de la víctima para que el matrimonio no se rompa a pesar del abuso. Uno de los factores lo cual las víctimas se quedan en dichos abusos es por los hijos que tienen en común.

Una noche cuando regresé de la iglesia no me quiso abrir la puerta y estuve un largo tiempo a la intemperie sin que mis hijos me pudiesen ayudar. Cuando el pastor trató de acercarse a mi hogar no pude recibirle, me había agredido en la cara. En ese caos, llegaba la etapa de echarle la torta de cemento al techo y con la madera hicimos una casita al lado, que parecía un "ranchito".

Mi vida espiritual comenzó a decaer, era el inicio de confrontar mis creencias en la fe y la realidad de una vida de abuso. Era tan abrumador compartir con un hombre en el cual había depositado mis ilusiones y resultó ser peor que mi propio enemigo. Un volcán en mi interior estaba a punto de estallar y cuando Fernando me tiró con un sartén me bajé inmediatamente y le hablé fuerte, ya me estaba atreviendo a confrontarlo.

Ambos nos fuimos a trabajar, él presumía de su trabajo en la noche y que tenía que hablar en inglés con personas importantes. Yo volví a trabajar en la New York Department Store en San Patricio Plaza, asistiendo a la secretaria administrativa en verificar el dinero generado en las ventas diarias. De igual manera mi voz se escuchaba en toda la tienda dándoles la bienvenida a los consumidores y creaba los anuncios promocionales de los diferentes departamentos.

El matrimonio seguía dando tumbos, nos veíamos cuando nos cruzábamos en el camino del sector la Morenita u otras veces me daba cuenta que se había marchado por el olor de perfume que dejaba regado, su juego sicológico no le funcionó. En mi corazón ya existía un rompimiento en mis sentimientos, definitivamente lo había dejado de amar. Para mí era mejor que estuviese trabajando de noche y así no tener que litigiar con sus cambios de temperamentos. Tuve que tomar una postura de que no le guardaba rencor por sus actos y así poder mantener una conversación afable con él sin que sospechara de los planes que ya estaban en mi mente.

Su conducta afectaba a otras personas y se descubrió que había estafado al esposo de una hermana de la iglesia, le refirió a una financiera en la cual él se lucraba en las transacciones fraudulentas y ellos casi pierden la casita. Vino otra agresión, mi jefe se percató que yo tenía un moretón en mi brazo, conversamos y luego fui entrevistada por un oficial encubierto de la policía. Se desencadenó lo que venía encubriéndose, era sospechoso que en los lugares que trabajaba y en complicidad con sus amigos estos asaltaban incluyéndolo a él y los dueños no sabían que era un plan ya fraguado. Asaltaron en un banco y se presumía que él era la misma persona que venía operando dichos actos. Estaba implicado en otros delitos como en las ventas de drogas en complicidad con policías corruptos. Mi vida estaba en juego, se atrevió a decirme como "en broma" que le facilitara el número de la combinación de la caja fuerte. Cuando fui informada de dichos actos delictivos lo relacioné con sus palabras y no se podía permitir que pusiera mi vida en riesgo obligándome a dar información del personal de la gerencia. Se sugirió que yo testificara contra él, tendría que estar amparada bajo la ley para que no fuese yo a quedar implicada en sus actos. Tenía que estar pendiente de sus movimientos, como cuando encontré el dinero en el botiquín para tener evidencias. Era un asunto peligroso y secretamente varios oficiales de la policía daban la ronda por donde vivíamos, ya teníamos acordado una señal de aviso en caso que me estuviese molestando y ellos llevárselo arrestado. Fueron riesgos que tenía que confrontar, el único refugio estaba lleno y no había más opciones. El Departamento de Inteligencia Criminal de Bayamón necesitaba que yo le ayudase en ciertas investigaciones relacionadas a los atracos en los negocios y el Departamento de Drogas y Narcóticos en la conexión que se llevaba a cabo, entre los agentes corruptos de la policía y mi esposo. Cabía la posibilidad que los policías corruptos se hicieran de la "vista gorda" cuando se llevaban a cabo estos atracos y el tape del lugar era donde trabajaba mi esposo, pues él me decía que tenía que hablar en inglés con personas importantes.

En mis medidas preventivas, me ponía el dinero en mi brazier al acostarme por si tenía que salir corriendo de emergencia. En varias ocasiones estando en su carro, hacía que chocaríamos contra los postes de la luz. Me amedrentaba que mataría a mi familia amparándose de que sus amigos policías podían hacer el trabajito. Era el mismo infierno que estaba levantado contra mi vida. Por misericordia de Dios, nuestros hijos no se intoxicaron al encontrar unos billetes dobladitos que contenían un polvo blanco. Ese día le hice una trifulca y no se atrevió a pelear, sabía que podía ir preso.

Una víctima puede convertirse en un agresor al verse entre la espada y la pared, nuevamente me estaba provocando para golpearme, salí corriendo de la casa y cuando siento a mis espaldas que había agarrado a mi hijo Samuelito diciéndome que me lo iba a matar. Fue un momento desesperante, como madre no le perdonaría si le hacía daño a mi hijo "y sentí algo suave que me iluminó, él no lo va a matar, busca ayuda". La misericordia de Dios me volvió a visitar y una hermana de la iglesia me llevó al cuartel de la policía cercana. Era muy cierto había un 911 de una víctima de la violencia doméstica y con mi firme determinación, Fernando Malavé había firmado su sentencia de muerte. Regresé al hogar, no podía dejarle a mis hijos en sus manos, estaba acompañada de la hermana de la iglesia, en dicho cuartel del área no hicieron nada. Daba la impresión que los oficiales que me protegían estaban dando la ronda, pues Fernando no se atrevió a golpearme cuando yo regresé al hogar. Jamás se imaginó lo que estaba ocurriendo, ni que yo estaba planificando la manera de quitarle la vida.

- No recomiendo a nadie continuar en una situación de abuso, estas se agravan poniendo a los menores en riesgo y puede ocurrir una desgracia. Haga los arreglos necesarios a tiempo, es lo más saludable y usted no se merece ser abusada. La familia se afecta y toma tiempo en la sanidad. En esa época, no existían los recursos como en el día de hoy que están establecidas por la ley para la protección de la familia.

El plan comenzó a dar marcha, estaba en la lista de espera del refugio y seguía pensado en qué manera le quitaría la vida, tenía que aparecer como en defensa propia y asegurarme que al usar la pistola era para matarlo. Si lo dejaba herido la tragedia sería peor para ambos. Mi mente estaba tan cegada y Fernando se marchó y no regresó ese fin de semana. Luego me pude dar cuenta que el dinero de la construcción no estaba, tomé el carro que mi padre me prestaba llegando a su trabajo. Mire a través del cristal del famoso bar, toqué la bocina, él salió por frente del carro y poco a poco lo moví para pincharlo a la pared, reclamándole mi dinero. Nos miramos fijamente, le descargué todo el odio que llevaba dentro y me devolvió el dinero. Creo que se dio cuenta que yo estaba perdiendo la razón.

Pensaba en lo que tenía que lidiar al cometer dicha locura, por mi buena conducta saldría en probatoria y si cumplía no sería por mucho tiempo, tenía las evidencias de ser víctima y mis hijos y mi hija me los cuidarían mis padres. No podía seguir esperando que la justicia hiciera su función usando el plan de que fuese testigo del pueblo contra mi propio esposo, en esa época el Departamento de Policía estaba atravesando serios problemas con policías corruptos. La venganza estaba ahogándome estaba tratando de sobrevivir y defender a mis hijos, no podía tolerar que me los volviese abusar, no quería escuchar un insulto más, no podía permitir que me amenazara más a mi hijito Samuel, por tanto iba a cobrarle con su vida tanto daño que nos estaba haciendo.

Había otras voces para que no me ensuciara las manos, personas que por dos o tres pesos podían hacerme el favorcito, en otras palabras no tendría que pagar para que mataran a dicho individuo. Pero había otra voz muy suave, "escapa, vete ya" sentí la negrura del enemigo, había peligro y ya faltaban pocos días para ingresar al refugio. Gracias a Dios, que mi padre me había prestado su carro para el plan de escape. Mis hijos, mi hija y yo salimos para la iglesia con mucha naturalidad mientras Fernando se quedaba durmiendo y seguimos para el hogar de mis padres. Mis padres me los cuidarían por varios días y yo tuve que refugiarme en el hogar de un caballero que portaba un arma de fuego, su trabajo lo requería. Esa noche pude descansar, poner en orden mis pensamientos y en espera que me llamaran del hogar Casa Julia de Burgos. Estaba confiada que Fernando no se atrevería a ir a la casa de mis padres a buscar problemas. Cuando me llamaron, me sentí tan contenta, sabía que se iniciaría una nueva vida. Me aferré a la vida libre del abuso. Lo único que me entristecía era tener que dejar a mi hijito Samuel con mis padres, a pesar de su corta edad, no era permitido que se quedara en el albergue. Pero teníamos que escapar por nuestras vidas.

REV. LUZ C. PIZARRO

CAPÍTULO 4

Mi Refugio, Casa Protegida Julia de Burgos

TODAS MIS ESPERANZAS se encontraban en el refugio Casa Protegida Julia de Burgos. Estaba quebrantada, sufrida, mis hijos menores Nahomie y David iban conmigo mientras mi hijo Samuel se quedaba bajo la protección de mis padres, eran las reglas establecidas del refugio. Era una responsabilidad compartida con mis padres y tenía mis emociones encontradas.

En ese momento sentía odio, coraje, deseo de venganza, de llevar a cabo el plan que tenía y muchas dudas con las reglas de la iglesia que no sabían litigar con estos casos. Era una época donde el maltrato no tenía los remedios adecuados de Ley para proteger a las víctimas y a su familia. La violencia doméstica era un tabú en la sociedad y en las comunidades de fe. Al ver los tiempos que hoy vivimos, sigo viendo que el maltrato a las mujeres sigue tan rampante que los abusadores siguen sentándose a la mesa, como gente de bien pero sus hechos han dicho lo contrario. Es indignante cómo se maneja los asuntos del abuso en las comunidades de fe y los feligreses se hacen de la vista larga para no tomar acción. Es un silencio total, que sólo las personas valientes se atreven a denunciarlo.

El llegar al refugio el cual se convertiría en nuestro nuevo hogar fue sorprendente al ver damas de diferentes edades, creencias religiosas, costumbres, nacionalidades pero todas teníamos en común que nos enamoramos de hombres abusadores. ¡Pensar que para conquistarte te hablan tantas palabrerías, te ofrecen un futuro estable que difiere mucho a sus acciones tan contrarias! Eran ilusiones rotas, sueños quebrantados y para sorpresa había otra damita de la iglesia pentecostal que estaba en una situación más terrible que la mía. El niñito de la mujer no podía articular palabras por el efecto del maltrato, el terror le había afectado. ¡Qué mucho se afecta la familia cuando las comunidades de fe te dicen que el matrimonio es "hasta que la muerte nos separe" y que sigamos "orando" mientras el abusador sigue golpeando y los hijos e hijas llorando! Hasta se les obligan a los menores, que no digan nada a sus maestros ni a los familiares de dicha situación. Una teología fuera de contexto de la realidad de lo que estábamos confrontando.

Fuimos recibidos con una calurosa bienvenida por parte de la Directora y el personal de la entidad compuesto por la psicóloga, la trabajadora social y una abogada. Nos podíamos sentir seguras en el refugio, su nombre era inspirado en Julia Constancia Burgos García (Julia de Burgos 1914-1953) considerada como una de las más grandes poetisas de Puerto Rico y de América. La inspiración de la poeta le hizo escribir el tan afamado poema ¡Rio de Grande de Loiza! "Alárgate en mi espíritu y deja que mi alma se pierda en tus riachuelos para buscar la fuente que te robó de niño y en un ímpetu loco te devolvió el sendero". Como designios de Dios, ese era el lugar perfecto para inspirarme y escribir un poema dedicado a la Casa Protegida Julia de Burgos. Fueron versos convertidos en estrofas, en un momento de liberar mi alma dejándola elevar en la completa certeza que romper mi silencio era escapar del yugo del abusador. Era un traspasar de todas las barreras existentes y no dejarme entrampar. Hoy contemplo el papel amarillento del poema y veo esa etapa de mi vida como una metamorfosis celebrando la vida. Las barras de hierro en la marquesina de Casa Protegida Julia de Burgos no pudieron atrapar mi alma y le di riendas a mi inspiración. Frente del refugio en la calle constitución estaba ubicado un departamento de la policía que se suponía nos protegerían y nos custodiaran la vida. En esa quietud de mi interior nacieron las primeras estrofas.

Casa Julia de Burgos

Casa Julia, lugar inspirado en la vida de una luchadora mujer,
¡Sufrida, pero llena de amor!
Hoy se levanta una casa en su nombre, sencilla pero fuerte en constitución.
Que por el azar del destino en la calle constitución la puedes localizar.
Es una fuerza que encierra, pues en ella se han albergado tantas mujeres heridas.
Que al igual que las gaviotas han tenido que emigrar, buscando un lugar protector para hacerlo de su hogar.
Ellas han sido humilladas por hombres sin escrúpulos, que creen que sus fuerzas los convierten en un Dios todo poderoso.
Y allí, en una casa sencilla conoces las manos de la bondad y la comprensión.

Son mujeres que tienen la fuerza y entereza de luchar por la vida para hacerte comprender a ti mujer, que en la vida siempre tendremos altas y bajas pero hay que continuar.

Es Casa Protegida Julia de Burgos donde yo pude elevar mi mente y sacar de mis sentimientos encerrados, escritos en versos y en prosas de la realidad de la vida y de un nuevo amanecer.
Fue en Casa Protegida Julia de Burgos donde pude experimentar nuevas inquietudes, de un deseo por seguir adelante, compartiendo en un mano a mano con otras gaviotas que al igual que yo, cargaban con tantas heridas y también luchaban por una nueva vida.
Hoy le dedico estos versos en honor a quien honor merece.
Y mi más expresivo sentimiento al que necesita de amor y comprensión.
Casa Protegida Julia de Burgos, tu labor no ha sido en vano, hoy yo me he convertido en una voz de concientización. Casa Protegida Julia de Burgos, Dios te bendiga por siempre por el bien que le has hecho a tantas vidas que al igual que yo estaba en desesperación.

¡Quién diría que desde las estrofas iniciales hasta ahora han transcurrido tantos años! En el hogar buscábamos por todos los medios de relajar nuestras mentes, pero el dolor que llevaba en mi pecho se agitaba como si fuera un ataque al corazón. Me llevaron a emergencia médica y me pusieron todas las maquinarias pertinentes para encontrar la causa. Me recetaron calmantes para que me relajara. Cuando alguna de las víctimas irrumpía en llanto, ansiedad o angustia nos afectaba a todas. Nos convertimos en una familia, como segregadas de la comunidad, aisladas de la familia, iglesia y amistades por el bienestar propio de nuestras vidas.

Todo era un proceso de adaptación, de terapias, grupos de apoyo, de reconstruir las piezas rotas de nuestras emociones. Fueron tantos documentos legales que teníamos que llenar, incluyendo la orden de protección y la custodia de nuestros hijos. En un día de noche buena pude obtener mi divorcio, de verdad que para mí fue la noche más buena, el trabajo de la abogada que nos representaba fue de excelencia. Ella luchaba con capa y espada por nuestra libertad para romper la cadena que el abusador tenía, creyéndose nuestros dueños por estar casadas con ellos. Era otra odisea, el sacar las ropas y las pertenencias de mi casita en la Morenita, fui escoltada por la policía con toda las prevención, sabíamos que el agresor portaba un arma de fuego.

La Doctora en psicología se convirtió en nuestro paño de lágrimas, la trabajadora social siempre facilitándonos los recursos adecuados para subir a otro nivel. Las víctimas se habituaban al constante abuso y necesitábamos aprender a vivir día tras día en un nuevo ambiente. El equipo administrativo del refugio eran miembros de congregaciones en las cuales abogaban por leyes que nos protegieran de la violencia doméstica, mientras las que éramos "pentecostales" estábamos entrampadas en un silencio.

Al llegar los días de navidad, muchas de las mujeres regresaban con los abusadores poniendo sus vidas y la de sus familiares en riesgo. El amor a los lazos familiares era muy fuerte, el factor económico imperaba, aunque eran maltratadas justificaban al agresor diciendo frases como esta "pero al menos él paga la renta del hogar" cuando es lógico que lo haga. Dichos lazos nos pusieron en riesgo, el agresor de la dama (que su hijo no podía emitir palabras por el abuso) se apareció ebrio y agresivo al frente del refugio. Gracias a Dios que el portón de hierro nos protegió para que no entrase y que no portara un arma de fuego. La pregunta era, ¿cómo pudo dar con la localización del refugio?

Una de las refugiadas me invitó a que la acompañara a una cita en la corte y por motivo de salud no pude asistir. Pasaban las horas y fluía un aire de incomodidad, una terrible noticia nos azotó. El abusador había interceptado en el camino a la directora, la liberó y a punta de pistola secuestró a mi amiga. Ella llegó desesperada y la guardia nacional fue movilizada para rescatar a la víctima. Fueron momentos de horror en nuestras vidas, estábamos mudas por el dolor y le pedíamos a Dios que pudieran liberarla. El rescate fue un éxito y al llegar al hogar temblaba como una hoja, él la había llevado a un camino boscoso cerca de un río amenazándola de muerte. ¡Fueron días de pesadillas!

A mí también me afectaron los efectos de la represalia del abusador, por haberlo abandonado. Mi padre se encargaba de llevar a mis hijos al precinto de la policía para cumplir lo estipulado por el Juez relacionado a la visitación de padre e hijos y yo me quedaba inquieta. El abusador divisó el carro estacionado en el área de Juan Sánchez, Bayamón y como un relámpago entró al patio de la casa para agredirme. Se encontró con una gran sorpresa, yo no estaba sola. Jamás se me olvida el ver a mi padre salir en defensa mía y decirle "de esta voy a echar la Biblia a un lado, me matas tú o te mato yo, pero a mi hija no la vuelves a abusar". Mi padre estaba furioso, yo sabía que en su bolsillo cargaba algo y Fernando salió corriendo, él sabía que mi padre era de armas tomadas. Hasta la dueña de la casa una mujer bien bajita, tomó del piso un cuartón para agredirle, ella también me quería defender. Escribir esta escena me compungió, el coraje que mi padre llevaba por dentro salió a la luz, siempre estuvo como un roble al lado mío. Al escucharle decir dichas palabras, en mi mente asimilé que lo mejor era que yo finalizara el plan de quitarle la vida al abusador, no quería que mi querido padre se viera afectado claudicando en la fe. Yo había sido testigo de ver a mi padre en vida pasada tomar su machete y darle un planazo en el cuello a un joven que se puso necio frente a nuestra casa, tirándole indirectas y palabras deshonestas. El mensaje que mi padre le había dado era," la próxima vez te tumbo el cuello". Bajo esas presiones vivíamos, la violencia es un terrorismo que afecta y no se miden las consecuencias. La violencia engendra más violencia.

De la cadena Telemundo de Puerto Rico llegaron al hogar para firmar los testimonios de las mujeres maltratadas y yo fui una de las entrevistadas. ¡Quién diría que en otra etapa de mi vida llegué a bailar en un programa del mismo canal y en ese momento era una mujer maltratada! Actualmente resido en los Estados Unidos de América y todos los años participo en la Campaña llamada "Rompe el Silencio" auspiciada por la Cadena Telemundo 47New York/WNJU llevada a cabo en Octubre, el mes nacional de la concientización en contra de la violencia doméstica. Una gran jornada, desde ser una víctima refugiada en la Casa Protegida Julia de Burgos ahora le sirvo a la comunidad en la preventiva contra este mal. El Creador del universo tenía sus planes y lo ha venido cumpliendo. Toda la gloria y el honor le pertenecen.

Como madre nos preocupa la forma que los hijos asimilan ser testigos de la violencia doméstica y es doloroso. Me confortaba saber que mi hijo estaba cuidado en muy buenas manos, mi familia. Llegó el momento de partida de la Casa Protegida Julia de Burgos, cargando la orden de protección y el conocimiento de nuestros derechos. Como siempre la benevolencia de Dios me cubría de favor y recibí una llamada del Departamento de Presupuesto y Gerencia Oficina del Gobernador para una entrevista y a la par un nuevo apartamento en Bella Vista, Bayamón. Por fin estaría con mis tres hijos bajo el mismo techo y mi padre siempre velando que nada fuese a acontecer que pusiese nuestras vidas en peligro. La experiencia vivida me estaba endureciendo y estaba decidida a defenderme con uñas y dientes. Todo el personal de la Casa Protegida Julia de Burgos celebraba mi victoria, era un logro de su labor en conjunto para que mi persona saliera por aquellas puertas con dignidad y sin ninguna culpabilidad de un matrimonio disfuncional.

Como causa y efecto de lo vivido al escribir este libro dedicado a la Casa Protegida Julia de Burgos mis metas son poder visitarles, testificarles y apoyarles en algún evento pro-fondo en beneficio de las familias que albergan. Me preocupa la crisis económica que afecta a mi bella isla, Puerto Rico y el efecto negativo para los recursos del desarrollo de las mujeres maltratadas. Quiero que las agencias gubernamentales sepan los logros que se pueden alcanzar si se establece un plan educacional para el desarrollo de las víctimas y su familia. Es menester un plan mandatorio de prevención a todas las familias que reciben ayuda del gobierno para que ninguno de los miembros saque ventaja o control de ellos.

Las comunidades de fe necesitan accionar en cambios radicales en contra de este crimen tan rampante que afecta a la familia y a nuestra sociedad. No podemos hablar de las buenas de salud en los valores cristianos si no tenemos programas de concientización y prevención para los feligreses y la comunidad. Son abusos que se hacen cómplices por el silencio eclesiástico. Tiene que existir "Un cero tolerancia" a la violencia intrafamiliar en las comunidades de fe y la educación a estos pormenores es muy esencial en el campo laboral, en el plantel escolar, centros comunitarios, seminarios y colegios teológicos.

Despedirme del refugio, Casa Protegida Julia de Burgos era iniciar otra etapa de vida y sin saberlo estaba caminando a lo que sería mi vida, bajo el llamado a la misión que Dios me tenía reservada.

CAPÍTULO 5

Tiempo de Confrontación

HABÍAMOS LLEGADO AL nuevo complejo residencial donde viviríamos mis hijos y yo luego de mi jornada en Casa Protegida Julia de Burgos. Era el residencial Bella Vista, Bayamón Puerto Rico y en la calle principal se encontraba una iglesia muy vistosa.

Era una etapa de confrontación de mi persona que implicaba mi espíritu, alma y cuerpo. Mi espíritu quería mantener la fe en Cristo Jesús y era muy difícil entender ciertos issues como los siguientes: ¿Cómo era posible que una mujer por ser cristiana tenga que aguantar el abuso y seguir atada al abusador? ¿Porque que la víctima tiene que ser rechazada y juzgada por las malas acciones del abusivo? El abusivo siempre actúa de acuerdo a su libre albedrío.

El alma mía, donde están asentadas las emociones estaban combatiendo con mi espíritu y como dice en Hebreos 4: 12 "Porque la palabra de Dios es viva y eficaz y más cortante que toda espada de dos filos; y penetra hasta partir el alma y el espíritu, las coyunturas y los tuétanos; y discierne los pensamientos y las intenciones del corazón"

Mi alma estaba tratando de superarse de la pérdida de mi casa, mi terreno, mi dinero, mi crédito y del embiste de los actos vividos. ¡Claro que había coraje, por las pérdidas! A pesar de todo veía el favor de Dios que me volvía a suplir de un cómodo apartamento, un buen trabajo en el gobierno, un carro nuevo y muy buena salud. Mi alma secretamente acariciaba volver a bailar, conocer otras personas, no quería nada que me atara, era como un pájaro que había escapado de su cautiverio.

Mi cuerpo estaba lleno de energía, disfrutando de mi plena juventud, mi única meta eran mis hijos, quería que salieran adelante y no me importaba partirme el lomo para que no pasaran necesidades.

Confrontaba la lucha que enfrentan todas las víctimas de la violencia doméstica. ¿Por qué me enamoré de una persona así? ¿En que rayo estaba pensando? Te invade un malestar que te produce un sabor amargo en tu garganta, son las emociones afloradas de tus sentimientos heridos. Todo tiene un efecto y yo estaba en la defensiva, ya no le tenía temor al abusivo, estaba dispuesta a llegar hasta las últimas consecuencias. La semilla que Dios había puesto en mi corazón en el proceso del refugio ahora parecía que había caído en el camino, Mateo 13:19, "cuando alguno oye la palabra del reino y no la entiende, viene el malo y la arrebata lo que fue sembrado en el corazón".

Llegó el cambio radical, vestía mi cuerpo con ropas muy provocativas y la panacea que usaba para dejar atrás el abuso sufrido eran los ejercicios y el baile. Dicha modalidad creaba reacciones diferentes entre los caballeros y las féminas. Cuando llegaba al residencial, parecía que estaba en una pecera pública; los edificios ubicados frente a frente propiciaban que las personas desde sus balcones se enteraran de los movimientos de quien entraba y salía. Estando en mi faena de limpiar el baúl de mi carro, a mi espalda escuchaba un grupito de damas que intentaban hacerse las chistosas delante de sus esposos, tirando sus "indirectas a mi persona". Entré a mi apartamento y premeditadamente me vestí bien provocativa con unos pantaloncitos bien cortos, seguí limpiando mi carro y al momento se desaparecieron del balcón, asunto resuelto. Otro día, alguien se escondió lanzándome un huevo a la capota del carro mientras yo iba manejando, el fogaje fue tan fuerte que detuve el carro, me paré en medio de la calle bien desafiante sin que nadie respondiera al desafío. No había dudas, dentro de mi persona bullía un volcán, si me trataban de provocar, un espíritu de violencia afloraba y dejé establecido mi territorio. En el mismo residencial existían unas damitas pentecostales que estaban orando por mi vida y mi familia. Según ellas, testificaban que al verme de tal carácter, buscaban el momento preciso para hablarme del Señor. Mis reacciones eran producto de mi alma envenenada por el abuso. ¡Cuántas vidas, en este momento se encuentran así, reflejando un carácter como barrera de protección para que nadie las vuelva a herir! Son fortalezas que se levantan.

En esa etapa, luego de un día de trabajo mis pies fueron a aterrizar a un piano bar en Santa Rosa, Bayamón. Todos las tardes, me detenía en el lugar, me tomaba un bebida espirituosa, buscaba a mis hijos en el hogar de mis padres y luego me refugiaba en mi hermoso apartamento. En un momento dado, llegué cuando el pianista estaba ensayando una canción hebrea llamada "Hava Nagila" y me puse a bailar como si estuviese desahogando mi alma. Se rompió el hielo, los caballeros que asistían en ese horario llamado el "after hour", creían que yo era un policía encubierto. En la noche regresé vestida como una "vedette", con un traje blanco de flecos mostrando mis piernas. El pianista al verme con dicha indumentaria y con toda premeditación volvió a tocar la misma melodía y me puse a bailar siendo ovacionada. Nunca tal cosa había acontecido en dicho lugar, le di riendas al baile y de vez en cuando cantaba con él pianista.

El dueño era un ingeniero bien conocido y mi desenvolvimiento dio paso a un convenio de trabajo. Se llevaban a cabo reuniones de negocios con representantes de las diferentes compañías de gasolina y yo era la anfitriona de dicha mesa para que fueran servidos a la perfección. Las propinas eran bien cuantiosas y el dueño me pagaba el dinero acordado, por lograrse los contratos. Poco a poco me fui interesando en ese tipo de negocios y la manager del restaurante ubicado al lado del piano bar (lo separaba una puerta) cuidaba a los hijos de los clientes y a los míos mientras finalizaban las transacciones. En ese mismo estilo de vida, ciertas noches llevaba una vida bohemia, junto a cantantes de la farándula y guitarristas muy profesionales. Hubo momentos que aún vestida como estaba, sentía la necesidad de ir a visitar una iglesia, oraban por mi y caía desplomada al piso. ¡Me parece escuchar las voces de los feligreses glorificando a Dios! Eran conflictos fuertes para alguien que no creía en Dios, que había tratado de profesar la fe y con una responsabilidad de ser madre y padre.

Otros cambios llegaron, no quería seguir trabajando en el gobierno y pensé que la mejor opción era inscribirme en el ejército. Me llamaba la atención, las disciplinas de ellos, las armas de fuego que usaban y sobre todo los beneficios que presentaba, era emocionante poder representar a Puerto Rico en ese campo. Aparentemente todo estaba arreglado pero a último momento mi querida madre no quiso firmar los papeles del convenio, que ella se hiciera cargo de mi hijos en caso de que yo sufriera algún percance. Su temor de madre era, que mi atracción a las armas de fuego unido al coraje que llevaba dentro me hicieran caer en una desgracia. Dicha negación me causó mucha molestia y traté de inscribirme en una escuela de tiro al blanco pero se cerraron las puertas.

Se abrió otra alternativa, mi espíritu estaba aventurero, fui representante de ventas de diferentes líneas de productos de belleza y trabajaba a tiempo parcial en un restaurante en Puerto Nuevo. En las noches, los clientes hacían un pequeño espectáculo de música, hoy en día le llamamos "karaoke" y debuté con una canción muy apasionada. Entre la concurrencia se encontraba una dama que conocía a un conocido empresario de una cadena de televisión y ella quería ser mi agente artística, hasta me hizo un plan de trabajo. Otro grupo de "cazadores de talentos" me presentaron la oportunidad de incursionar a la televisión a través del baile. La herencia de los Pizarro, la llevaba muy dentro de mi sangre antillana, el arte, cantar, el baile, la plena y todo género que se me presentaba, el sonar de los bongos y las congas me subían la adrenalina.

En medio de ese tiempo de confrontación de mis propios sentimientos en dicho restaurante conocí a dos personajes muy diferentes y los cuales fueron muy importantes en mi vida. Uno de ellos era un guapísimo joven de ojos verdes, menor que yo y oriundo de Asturia, España. Su tío era dueño de uno de los restaurantes más conocido en el sector del Condado, Puerto Rico y el otro caballero muy buen mozo, de buen vestir, jovial, mayor que yo, era un empresario y ambos se sintieron flechados por mi persona. La realidad era, que me atraían los dos, ambas personalidades eran de hombres experimentados en la vida.

Cuando estaba escribiendo este tema, le había comentado a mi hermana Elizabeth Pizarro, que las personas que me conocen por la labor que me desempeño para gloria de Dios, no se imaginaban que he vivido estas etapas. Quería publicar estos sucesos, porque no quería un libro presentando una sola cara de una mujer de virtudes como generalmente me conocen. He sido y soy un ser humano con virtudes y defectos, con altas y bajas y si he llegado a donde estoy es por la gracia de Dios. Creo que por dicha razón se me hace bien fácil entablar conversación con las personas sin mirar su condición, yo sé muy bien de donde mi Creador me ha sacado. En otras palabras, el que se cree que está libre de pecado, que tire la primera piedra. Precisamente tengo un poema titulado, "Dónde están los que te acusan" basado en el evangelio de Juan Capítulo 8 La mujer adúltera.

Del paradero del abusador, no se sabía absolutamente nada y mi corazón estaba inclinándose a iniciar una nueva relación. Los fines de semana, salía a bailar con el joven asturiano a un "Tablao flamenco", él era un apasionado a sus raíces. Por el otro lado el hombre mayor me invitaba a restaurantes elegantes y compartimos con otras personas de negocios. En una de dichas reuniones me hizo la oferta de trabajar en su compañía y acepté el reto de ser una vendedora de los dulces típicos del país. Mi clientela eran las farmacias, área hotelera y las nuevas rutas que yo hiciese. Nos suplían la mercancía al por mayor y en crédito; los vendedores a su vez trabajaban con los precios sugeridos a los negocios. Mi elegante jefe se concentró en darme su apoyo, como si fuese mi mentor, me prestaron una van para mi nuevo trabajo y mis ventas fueron muy exitosas. Se me vino endulzando la vida con las buenas ganancias que devengaba, le caía en gracia a los dueños de los negocios por mi profesionalismo. Siempre nos enfocamos que todos los productos estuviesen bien presentados, a la altura de los consumidores. A su vez los pequeños negocios estaban ávidos por presentarle a la comunidad productos de calidad y a un buen precio, era una época de abundancia en mi bella isla de Puerto Rico.

Mi otro gran amigo, J.J se tomó un día libre de su empleo para enseñarme cómo manejarme por toda la autopista y recorrimos la isla. Mis rutas de ventas seguían creciendo, visitaba los pueblos del centro, Aguas Buenas, Comerío, Cidra, Naranjito, Corozal y me encontraba con gente trabajadora, luchadoras, con un patriotismo bien arraigado. Me causaba una gran admiración el sentido de superación que profesaban y a mucha honra vine a convertirme en su suplidora exclusiva de los dulces del país. Les ayudaba a incursionar en los nuevos productos que les presentaba. Evocar ese tiempo me trae memorias tan agradables, cuanto desearía volver a recorrer esos hermosos pueblos. La sensación del viento fresco en mi rostro, los paisajes, el buen responder de la gente de pueblo, su humor, su calor humano hacían un gran efecto en mis sentimientos. Dios bendiga hoy y siempre a la gente trabajadora de mi Puerto Rico.

Como causa y efecto del desarrollo de mi trabajo, la compañía me hizo una gran propuesta de prestarme el dinero para el pago inicial de una van nueva. El compartir los planes de trabajo con mi padre me llenaba de energía pero mi querida madre se atemorizaba de dicha odisea por el pago mensual del vehículo que eran $347.00. Cuando la compañía automotriz me trajo la van del año a las puertas del hogar de mis padres, fue una gran victoria. Nuestros corazones estaban de fiesta, obtuve la licencia comercial, me lanzaba en toda propiedad a los negocios e inmediatamente pude cumplir con el compromiso de reembolsar el dinero prestado.

Mis sentimientos fueron cayendo en tiempo, irónicamente cuando fui a depositar un cheque de la compañía el joven cajero me dice "esa cuenta no la brinca ni un chivo", me quedé sorprendida por su reacción tan fuera de ética. Pensé en ese hecho y la clase de persona tan sencilla que era mi jefe, nunca presumía de su cuantiosa fortuna, nos convertimos en grandes amigos, mi admiración por él creció. Mis andadas de vida bohemia en las noches se terminaron y mi relación con J.J se tornó más estable. Mis padres, mi hija y mis hijos lo fueron conociendo y lo aceptaban. Me hacía reír cuando me decía "chaparrita, tú como que eres de otra religión". Poco a poco mi vida se estaba ubicando en luchar por mis metas y mis amigas pentecostales seguían orando para que un milagro aconteciera, se daban cuenta que el joven español era una gran persona. Volvieron a desencadenarse varios sucesos, el padre de mi novio estaba gravemente enfermo y tenía que ir de emergencia a España. En ese momento mi vida sentimental se torna incierta, cabía la posibilidad que mi compañero tuviese que quedarse a vivir con su familia. Su partida me causó un dolor bien grande y a los pocos días en mi interior experimentaba un sentir muy extraño e inexplicable.

Efectivamente, el sentir extraño e inexplicable tenía una causa, estaba pensando en el abusador. El tiempo de la confrontación había llegado y me lancé a la misión. ¡Era una locura, pero era un asunto de vida o muerte! Me informaron que lo podía encontrar cerca de un caserío donde frecuentaba las personas que eran usuarias de drogas y narcóticos, para mi sorpresa allí lo encontré. El hombre alto, guapísimo, de buen vestir, estaba todo abandonado, con su cabello lacio sin recortar y me causó una fuerte impresión. Me borraron de mis pensamientos la razón por cual quería confrontarlo. Su condición era deprimente, sucio, desamparado, no tenía donde vivir, se sentía enfermo y lo invité a que se quedara un mes en mi hogar, en lo que se buscaba un lugar a donde vivir. ¡Ese encuentro venía preparado del cielo!

En mi espíritu, pude sentir esa voz en mi interior que me dirigía y me daba la convicción de tal misión. Le leí las reglas de mi hogar, le dejé saber que ya no le tenía miedo "que yo era quien repartía el pan" (un dicho popular) y obviamente no tenía fuerzas para argumentar. Siempre he creído que la misericordia de Dios es tan grande, que no hay palabras. Hoy me puedo dar cuenta que estaba haciendo como el "buen samaritano" (Lucas 10: 25-37) pero con mi enemigo, fui movida a misericordia lo monté en mi cabalgadura (mi van del año), lo llevé a un mesón (mi propio hogar) y cuide de él.

Al llegar a mi apartamento seguía cabizbajo, abochornado, le facilité una de las habitaciones y le volví a enfatizar que mi habitación era privada. Mis hijos estaban sorprendidos y su recibimiento no era amistoso, eran las reacciones lógicas de los menores que son testigos del maltrato en el hogar. Mis queridas amigas pentecostales estaban bien preocupadas por mi vida, no podían creer lo que estaba aconteciendo. Las entiendo, era un acto sobrenatural y había que estar segura, que Dios estaba en pleno control del asunto y a su vez estaba tratando con mi vida de una manera personal, yo estaba descarrilada de la fe.

- Como nota preventiva, no le puedo recomendar a ninguna persona que ejecute dicha acción. Las medidas preventivas no se pueden violar, ya que nos exponemos a que una desgracia ocurra.

Las reglas impuestas a Fernando se estaban cumpliendo al pie de la letra, la mayoría de las veces se quedaba en la habitación, comía poco, estaba perdiendo peso y la gripe lo estaba atacando. Mis hijos lo seguían mirando con recelo. En un momento dado, "esa fuerza superior a mí, me hizo irme de rodillas en oración" y claramente sentí esa voz en mi interior que me indicaba que le pidiera perdón al abusador y que lo perdonara porque su tiempo le estaba llegando. Lloré y lloré en humillación delante de la presencia de Dios, era increíble que tratara con mi vida de esa forma y me estuviera dirigiendo a llevar a cabo un acto tan increíble. ¡Hay que vivirlo para saber cuán grande es la misericordia de Dios! El único que conocía mi corazón era Dios y siempre le decía que yo no tenía problemas con Él, mis conflictos eran los tabúes de las comunidades de fe concerniente a los abusos en el hogar. Siempre he declarado que los planes de Dios en nuestras vidas están establecidos desde la fundación del mundo, somos nosotros que nos desviamos de ellos.

Qué sorpresa tan grande para mi ex-esposo, irrumpí en su espacio llorando y pidiéndole perdón, "por si acaso yo por mi juventud no supe ayudarle" una vez más daba la impresión que el peso de sus actos se esfumó en el espacio. Nos abrazamos llorando y nos pedíamos perdón mutuamente. Él trataba de consolarme, reconoció todos sus errores y decía que estaba cansado de vivir. Hay momentos que parece que el cielo baja a la tierra. ¡Qué manera tan especial de mi Padre Celestial para confrontar nuestras vidas! Fernando pudo expresar su pasado familiar, sus luchas, sus sufrimientos, su rebeldía, su culpabilidad por la muerte de su madre en plena juventud y la paz vino a nuestras vidas. No le dije nada de que él se iba a morir en plena juventud y para que levantara el ánimo me lo llevaba al parque donde yo corría. El pobre hombre se sonreía de sorpresa, nunca se imaginó la destreza que yo tenía como corredora. Hablamos mucho, fue una conversación a corazón abierto, estaba cansado de la vida y la influenza que tenía no se le mejoraba. Increíblemente, pudo reconocer la importancia de hablar todos estos asuntos tan complicados antes de contraer matrimonio y dichas conversaciones nos hicieron un bien.

¡Quién diría, de los labios de mi ex-esposo surgieron los puntos que tomamos como prioridad en los eventos para solteros y solteras que hoy en día llevamos a cabo para gloria de Dios, como medidas preventivas! Es menester confrontar todo bagaje del pasado que los individuos vienen arrastrando buscando ayuda y sanidad. Es de prioridad desprendernos de todo equipaje de carácter temperamental, conductas y patrones aprendidos, malos hábitos, ideas machistas y religiosidad que viene llevándose de generación en generación. Hay que optar por el beneficio de perdonar nuestros propios errores y perdonar a las personas que nos han hecho mal. Por lo visto Fernando Malavé quiso desquitarse conmigo el rencor de su bagaje pasado y le abrió las puertas al enemigo de las tinieblas que le robó la oportunidad de amar genuinamente y de disfrutar su familia.

Se estaba acabando el periodo de un mes para estar hospedado en mi hogar y aprovechó para ir a la clínica del área en la carretera 167, Avenida Comerío para que le trataran de su malestar en el cuerpo, fiebre y diarreas que no se le podían controlar. Le recetaron muchos medicamentos y se marchó de mi hogar como estaba estipulado. Y la llegada de mi novio de España era una realidad, su padre ya estaba recuperado de salud.

A los pocos días me llamaron del Centro Médico de Puerto Rico, Fernando Malavé estaba hospitalizado de emergencia. Cuando fui a verlo me permitieron estar con él por varios minutos, los doctores lo diagnosticaron con una posible neumonía. Ellos bromeaban con él para levantarle el ánimo diciéndole que "yo lo quería cuidar", les preocupaba su estado físico y emocional. Estaba como perdido en su propio pensamiento, sin poder hablar y lágrimas copiosas rodaban por su rostro. Qué triste verle así, del hombre hermoso que era, ahora estaba convertido en un hombre acabado pero su estatura seguía imponente, su cuerpo no cabía bien en la camilla, era bien alto de estatura. Al salir de la habitación, lo observaba a través del cristal y pude entender que la muerte lo estaba rodando, mis ojos podían percibir su lucha y las alarmas de emergencia se prendieron. Por lo visto su condición era crítica, la habitación se llenó de doctores y enfermeras y me pidieron que me fuera del lugar. En un abrir y cerrar de ojos, estaba convulsionando en una forma extraña, como si lo tomaran por los pies y lo azotarán a la cama. Me atacó el llanto y corrí al teléfono para llamar a mi madre, era una experiencia horrible. Cuando regresé a la sala de su habitación los doctores ni las enfermeras estaban, todo estaba en silencio, miré por el cristal y su cuerpo estaba de lado como encorvado en la cama. La enfermera se me acercó trayendo una bata amarilla y unos guantes para que yo entrara a la habitación, Fernando Malavé, mi ex-esposo, el padre de mis hijos había fallecido. No podía creer lo que me estaba sucediendo, era como una pesadilla, según yo, quería confrontarlo y mi Padre Celestial me hizo buscarlo para darle la mano y pedirle perdón. Lo lloré desconsoladamente, con él había procreado una hermosa hija y un hijo de nobles sentimientos y se suponía que fuese un buen padre para el hijo de su amigo (mi primer esposo Samuel Camacho). Su certificado de defunción, registra que Fernando Malavé Torres, de 34 años, falleció en Septiembre 13, 1985 de una bronconeumonía bilateral.

La imagen de la muerte de Fernando estaba en mi mente como episodios imborrables y pude contar con el apoyo de mi novio, que estaba al tanto que él había estado hospedado en mi hogar. Pasados los días, había un pánico en la clínica que él había asistido por la influenza y me llamaron por teléfono de emergencia para que me reportara. Se percataron que sus síntomas eran los mismos de una enfermedad aún desconocida llamada el SIDA. Mi ex- esposo estaba contagiado por el uso de drogas intravenosas y nos solicitaron hacernos los exámenes pertinentes para nuestros dos hijos y mi persona. Fueron muchas entrevistas, todo estaba normal en nuestras vidas, hacía mucho tiempo que ya Dios me venía protegiendo, estábamos separado maritalmente.

Son estos los puntos preventivos para las víctimas de la violencia doméstica, sus cónyuges les son infieles, se reconcilian y no hay conciencia que pueden ser afectados por una enfermedad transmitida sexualmente (ETS).

Ahora se caía el argumento, en las comunidades de fe te dicen que no puedes negarte a tu esposo, que se reconcilien sin analizar cuál es la situación interna de las parejas. En mi caso particular, pude vivir la justicia divina que me hizo separar maritalmente a tiempo del padre de mis hijos. Toda mi familia, mis amistades, las hermanas pentecostales, los que nos conocían estaban sumamente sorprendidas. En un momento dado me dio como un temor, el pensar que había enviudado la primera vez de una manera muy drástica y ahora mi ex-esposo también había sucumbido por la muerte. Solamente pude preguntar ¿Dios mío que tú tienes conmigo?

Una vez más al ir finalizando este capítulo, he llorado y le he pedido la fortaleza a Dios para seguir adelante con sus propósitos y por la sanidad total para cada miembro de las familias afectadas por la violencia doméstica incluyendo la mía. Por lo visto se estaba cerrando el ciclo del proceso de confrontar al abusador. Mi Padre Celestial, venía trabajando en mi vida como piezas de rompecabezas y me tocaba estar en el cementerio para darle cristiana sepultura al fenecido. El silencio era total, nadie vino a despedirle, el ataúd estaba sellado y solamente yo era la única persona que le daba el último adiós. Bajo el terreno del cementerio de Bayamón yacían dos hombres, que habían sido mis esposos y ambos eran amigos y tomaron el camino equivocado, ambos me afectaron en forma diferente pero yo, Luz Celenia Pizarro seguía y sigo de pies como una sobreviviente. Le ha placido a Dios su aliento de vida. Pensar que en ese momento no podía entender el porqué me ocurrieron dichas tragedias, pero hoy ya no es un misterio, es un Ministerio y glorifico a Dios por ello.

¡Cuántos años han pasado, más de tres décadas y toda esa vivencia ha sido el material preventivo del proyecto "Conocimiento y Salud" bajo la Comisión Latina Sobre el SIDA que hemos llevado a cabo en las comunidades de fe. Hay una marcada relación entre el VIH/SIDA y la violencia doméstica si no se toman las medidas preventivas. Por tanto es deber nuestro confrontar nuestras propias vidas y con ayuda del Creador poner a cuentas nuestro, espíritu, alma y cuerpo por cuanto los tiempos en que vivimos así lo apremian.

CAPÍTULO 6

Puerto Rico, mi Bella Isla ya no era mi opción

LUEGO DE SALIR del cementerio, el regreso a la casa de mis padres se me hizo tan difícil y no sabía a ciencia cierta qué pensamientos mis hijos tendrían respecto al fallecimiento de su padre. En una mirada retrovisora contemplaba los sucesos acontecidos, mi primer esposo fallecido trágicamente, un segundo matrimonio funesto, el perdonar al agresor y verlo morir me hacía sentir sobrecargada. Gracias al apoyo incondicional de mis padres que me alivianaban la nueva tormenta que estaba azotando. Mis amigas pentecostales me colmaron de atenciones, yo estaba de luto.

La vida tenía que continuar, en el aspecto personal mi novio se percata que yo añoraba una fe que difería a la que él profesaba, los españoles son bien apegados a sus creencias religiosas. La ruptura no fue nada fácil y en esta vez yo estaba tratando de no irme en contra de los designios de Dios para mi vida. Paulatinamente un cambio se venía operando en mi vida y comencé a asistir a la iglesia cercana a mi residencia. Tenían muy buenos programas para la familia y poco a poco me fui envolviendo en la obra del Señor. Con el tiempo nos prestaban el centro comunitario del residencial para darle clases bíblicas a los niños y niñas de la vecindad. Para mi sorpresa, las mismas "damitas" que una vez hacían comentarios provocándome a pleitos me testificaban que sus hijitos estaban cambiando su comportamiento y oraban por los alimentos. En tiempo de las navidades la celebración era una fiesta con regalos donados por los feligreses. Un gran equipo de colaboradores compuesto por "mis amigas pentecostales" Minerva, Evelyn y otros voluntarios se unieron a nuestras familias en una labor muy eficiente. La comunidad veía con muy buenos ojos el proyecto de Dios por su ambiente de paz y gozo.

Era la década de los 80, otros cambios a confrontar y el aspecto educacional de mis hijos era un asunto de prioridad. Vivíamos en el sector de Bella Vista, Bayamón y tuve que registrar a mis hijos en la escuela elemental ubicada en la Urbanización Villa España para facilitar que mis padres pudieran buscarlos al salir de clase. El Departamento de Educación no podía facilitarme el transporte público, porque según ellos estaban fuera de su jurisdicción e irónicamente tampoco les facilitaban el transporte desde el hogar de mis padres al plantel escolar. De igual manera la educación especial para mi hijo Samuel, prematuro de nacimiento, estaba en un nivel muy caótico.

Una tarde recibí la sorpresa de la maestra de mi hijo, se sentía muy preocupada porque lo habían ubicado en un salón de clase donde la mayoría de los estudiantes presentaban serios problemas de conducta. La condición de mi hijo pertenecía en otra categoría por los efectos de ser un niño prematuro.

Con dicha información en mano me fui hasta la Oficina de Servicios al Ciudadano en la Fortaleza para solicitar ayuda. Necesitaba que el Departamento de Educación le hiciera nuevas evaluaciones a mi hijo y lo ubicaran en el currículo apropiado de acuerdo a su condición. Sin darme cuenta ya estaba dando los primeros pasos a lo que hoy represento, una voz en la comunidad por quienes no se atreven a reclamar sus derechos. Tal parece que tropecé de cara con una de las murallas de la famosa estructura "La Fortaleza o Palacio de Santa Catalina".

A la empleada de dicha dependencia le faltaba la empatía requerida para entender el significado básico de lo que implica una oficina para los servicios al ciudadano. No se puede pasar por alto, que son seres humanos que llegan convencidos, que alguien ha de escucharlos y le proveerá con los recursos adecuados para resolver la situación presentada. La actitud tomada por dicha persona y su negatividad a mi petición me hizo estallar y decirle "que por lo visto tendría que irme a los Estados Unidos". Ella a su vez y en un tono molesto me respondió, "pues váyase para los Estados Unidos". ¡Qué desagradable experiencia el tener que confrontar que en mi propia patria no existían los recursos adecuados para los niños que necesitan de la educación especial! La falta de cortesía de una servidora pública del gobierno era como una bofetada en mi cara, estaba todo concluido, ya mi opción no era Puerto Rico.

Mi desespero como madre me hacía preguntarle a todas las personas que llegaban de visita a Puerto Rico del extranjero que como eran los servicios de educación especial y me recomendaban que me fuera a vivir a los Estados Unidos de América. Como causa y efecto, tenía que desarrollar un plan para los nuevos cambios, se trataba del futuro de mis hijos y estaba en juego. No era una decisión fácil tener que dejar mi familia, mis raíces para ir a una nación desconocida, el calor de mis amistades, cerrar mis ojos y poner en venta mis pertenencias que con tanto sacrificio había comprado, mi empleo que me había dado una estabilidad económica. Definitivamente me estaba alejando de la oportunidad de recuperar mi casita de la parcela. Pero la prioridad pesaba en la balanza y era a favor del bienestar de mis hijos.

El plan seguía en marcha, necesitábamos un lugar donde vivir y mi hermano Juan ya estaba residiendo con su familia en la ciudad de Nueva York me hizo las gestiones pertinentes. Son esos los lazos que las personas migrantes buscan con gran fervor, la familia. Llegó el gran día y mis hijos estaban muy emocionados en el avión. ¡Qué difícil se hace tener que dejar su patria y llegar a la realización que quedarse en ella no es la mejor opción! En ese momento pude entender el éxodo de tantos compatriotas y las luchas de otros migrantes en busca de una mejor calidad de vida para su familia. La situación de mi proceso era delicado, todavía tenía que seguir superando las diferentes etapas cerrando ciclo, bajo el manto de la sanidad para iniciar una nueva vida en una nación desconocida.

Al leerle este capítulo a mi querida hermana Elizabeth, residiendo en Puerto Rico, le expresé los sentimientos que me sobrecogían y a través de las líneas telefónicas sentí su silencio. Ese momento fue como un volcán en erupción, ella estaba llorando al recordar nuestra partida, le había afectado mucho a mis padres y a ella. A pesar de tantos años de ese acontecimiento, era una sorpresa para mí, nunca habíamos hablado de ese tema. Para aquel entonces, en su inocencia no podía entender el porqué los abandonaba. Me confesó lo mucho que nuestra madre lloraba y que mi padre se quebrantó como si estuvieran de luto, pues sus nietos llenaban sus vidas de alegría. ¡Qué dolor tan grande escuchar dichas confesiones! Esa noche no pude dormir, le rogaba tanto a Dios por mi madre, necesitaba que le concediera más años de vida, quería abrazarla, estar con ella y con mi familia. Las emociones pasadas y las vivencias actuales del 2015 afloraban en los días cercanos a la despedida del año. Por lo visto la opción de venir a los Estados Unidos, había afectado a otras vidas, mi familia.

El revisar cada capítulo tocaba las fibras de nuestras vidas se destaparon recuerdos que estaban en el subconsciente. Hubo una tregua de horas, mi hermana y yo tratábamos de procesar todos esos duros episodios transcurridos en nuestras vidas que nos habían marcado. Sin saberlo nos hacían más fuertes y nos llevaban a otro nivel.

El plan del proceso de ubicación a mis hijos en las respectivas escuelas era agotador, tanta papelería, entrevistas y evaluaciones. Mi hijo Samuel se fue desarrollando positivamente en el currículum educativo para los niños especiales y los menores Nahomie y David asistían a una escuela regular. La familiarización con la transportación pública de los trenes, que viajaban "uptown", "downtown" era prescindible y si te equivocabas, era desesperante. Nos ubicamos a vivir en el área de Intervale, en el Bronx y la pista del parque se hizo mi confidente, parecía una gacela dándole tantas vueltas sin parar, eran millas y millas que me ayudaban a relajarme. Fueron cambios bruscos, tiempo de adaptación y mis primeras visitas a un programa radial que mi hermano era el programador en la Emisora Radio Visión Cristiana en Staten Island, Nueva York. La audiencia me escuchaba cuando declamaba los poemas que yo escribía.

Hubieron otras barreras que superar como todo migrante, me reconocían por el hablar que éramos recién llegados de Puerto Rico, algunas personas te decían "es un jíbaro de Puerto Rico" y otras se alegraban ver otros compatriotas suyos. Cuando mis hijos fueron creciendo enfrentaron el hostigamiento "bullying" y Samuel y Nahomie se defendían de dichos ataques, creo que el malestar de ser testigos de la violencia en el hogar les hizo sacar a flote su coraje. Fueron cayendo en gracia por un grupo de personas muy respetadas estaban dispuestas a defenderles, en otras palabras los apadrinaban. Por fin llegó la etapa de evaluaciones para que mi hijo asistiera a la escuela vocacional, fue entrevistado por diferentes agencias hasta que lo refirieron a trabajar como "per diem" en un hospital.

Es muy importante reconocer las verdaderas capacidades de nuestros hijos y de esa manera poderles ayudar en dicho desarrollo. En otros casos los presionamos a que estudien ciertas carreras y les exigimos a ellos lo que nosotros no hemos logrado. En las congregaciones de los Estados Unidos de América los feligreses vienen de diferentes países donde dichos servicios de la educación especial escasean. Existen otros factores relacionados a la educación como el analfabetismo, donde los jovencitos no asisten a la escuela porque tienen que trabajar para ayudar a la precaria situación económica de la familia y otros se han criado en lugares que impera la delincuencia afeitándose su asistencia al plantel escolar. Con este cuadro de situaciones, se pasa por alto que no todos tienen la misma capacidad para entender lo que dice la palabra de Dios. A su vez dichas personas se sienten cohibidas y en temor que sean burlados por personas insensibles a los conflictos existentes de este siglo. Es menester que las comunidades de fe, tomen estos puntos en consideración y se incluyan clases visuales para el entendimiento de dichas vidas.

Los ciudadanos deben tomar responsablemente que tienen un privilegio de ejercer el voto y elijan a candidatos que estén comprometidas con el bienestar del pueblo en el desarrollo educacional para vivir una mejor calidad de vida. Los candidatos a su vez deben estar bien conciente de la voz del pueblo, al analizar la situación que atraviesa mi bella isla Puerto Rico en este momento y relacionarlo con mi experiencia personal referente a la educación especial de mi hijo me ha causado un gran pesar. Ojalá hubiese una restructuración en el gobierno que abarque cada dependencia en sus propósitos y misión. Que cada ciudadano se esmere por una mejor calidad de vida, los valores, principios al Creador que nos demanda que nos respetemos los unos a los otros.

Como toda familia migrante, nos llegaron los tiempos de soledad, tiempos precarios, luchas fuertes y la ciudad te marea de tantas cosas lícitas que ofrece, pero no todas te convienen. Nos encontramos con las decepciones pero hay una razón que te sigue motivando y te vas adaptando a vivir fuera de tu patria. Parecía un sueño ver a mis dos hijos y a mi hija crecer, dejaron de pronto de ser unos muchachitos.

Vine a esta gran ciudad como opción y tenía que buscar los beneficios en dicha decisión. El resultado, mi hijo Samuel se quedó trabajando como empleado regular en el hospital. Hasta el día de hoy sigue laborando y disfrutando de muy buenos beneficios. Es para mí de gran satisfacción saber que mi hijo es muy estimado por sus supervisores y compañeros de trabajo, cuando he tenido que estar recluida por algún motivo de salud, los elogios a Samuel son mi recompensa. Mi hija Nahomie y David gozan de muy buena posición en sus respectivos empleos y también son muy bien elogiados por su labor. Ellos siempre han sabido que he sido una mujer trabajadora, luchadora y que no me he doblado antes las maquinaciones del enemigo porque mi Padre Celestial, me ha dado la fortaleza para luchar. Ha sido la benignidad del Creador, como está escrito en su palabra "Me empujaste con violencia para que cayese, pero me ayudó Jehová" Salmos 118:13. Salí de Puerto Rico con una familia de tres y hoy ha crecido con dos nietos.

Mi opción en el tiempo preciso al venir a esta gran nación, ha valido la pena y espero con el favor de Dios ir a Puerto Rico y llevar un mensaje de esperanza para las familias que han tenido que atravesar los estragos de la violencia en el hogar.

CAPÍTULO 7

Un Paréntesis de 911

N O PUEDO PASAR por alto el suceso ocurrido en mi hogar y era menester hacer este paréntesis de 911. En los días que escribía el capítulo 6 "Puerto Rico mi Bella Isla ya no era mi opción" y el inicio del capítulo final, Levántate Mujer "No más abuso" un amigo de lo ajeno se habia llevado mi laptop. Tal parecía que las tinieblas querían impedir que el libro saliera a la luz. Esta incidencia es un ejemplo vivo de que cuando queremos hacer la voluntad de Dios, existe una lucha espiritual para tratar de estorbar el camino, pero en el nombre de Jesús obtenemos la victoria.

En mi regreso de un compromiso en la ciudad de Connecticut, impartiendo una conferencia para las mujeres titulada "El Tiempo de la Canción ha llegado" Cantares 2:12, me encuentro la ventana de mi habitación de tres a cuatro pulgadas abierta. Alguien había entrado a mi hogar y se llevaron la laptop, produciendo una sensación muy desagradable.

El historial en fotos y documentos del ministerio, las fotos de mi familia y mis presentaciones en "power point" se perdieron. La problemática del virus en mi computadora me había impedido salvar la información. Me sentí ultrajada, lloré, llamé a la policía, el ochenta por ciento del material del capítulo final del libro había desaparecido. ¿Cómo era posible que alguien haya entrado a mi hogar?

Pasadas las horas me pude percatar de varias cosas, que no entraron por la ventana, sabían que yo viajaba, no se llevaron nada más y lo grandioso, Dios me había preservado la vida, "algo especial" hizo que me quedara en Nueva York hasta el lunes al mediodía.

Fueron días de lucha para obtener los reportes de la policía, la administración de la propiedad quería ver el incidente superficialmente, tuvimos discrepancias y tuve que reportarlos. Hasta el proceso de rentar otra computadora era un caos. Las leyes diferían mucho a las de la ciudad de Nueva York y esto era alarmante.

Este incidente me afectó mucho y estuve por varios días en receso por el análisis de las evidencias que había recopilado, me estaban vigilando y era un sentir desagradable. Hubo que cancelar compromisos, el contrato de arrendamiento finalizaba el 31 de marzo del 2016 y con estos actos no quize renovarlos. No podía entender cómo en el principio ese lugar era muy especial para los nuevos proyectos y que desde diciembre del 2015 dejara de ser mi atractivo. Sucesos extraños estaban aconteciendo. Era como si ya un nuevo material se viniese documentado para un próximo libro y a su vez mi fe la estaba puliendo con fuego.

Al mismo tiempo necesitábamos finalizar de equipar la nueva oficina en Allentown y me enfoqué a buscar soluciones al asunto de emergencia. Era de 911 finalizar el libro y hacerme valer los derechos como inquilina. Sorpesivamente en una de las entidades que fui a solicitar ayuda una de las especialistas hispana me había reconocido, porque fui una de las participantes en una conferencia en el Mes Internacional de la Mujer en Allentown, P.A. En otra entidad, me invitaron a que fuese a llevar el mensaje de sobrevivencia a las personas los cuales ellos le servían.

Todas las artimañas de las tinieblas, Dios las estaba acomodando a mi favor para seguir llevando la voz, de no a los abusos. LLevaba dieciocho meses residiendo en esta ciudad y ya mi voz se estaba levantando en bien de mis derechos, los cuáles serían los recursos para la comunidad que estaríamos ayudando.

Un nuevo panorama se vislumbraba, se venía anticipando la nueva etapa de la misión, invitaciones a diferentes ciudades y se abría otra puerta para viajar a otros países por la gracia de Dios.

Llegarán a tu vida paréntisis de 911, pero la mejor canción nacerá de tu corazón en agradecimiento a Dios porque cuanto te ha guardado. ¡Recordando siempre que toda la gloria le pertenece a Dios!

CAPÍTULO 8

Levántate Mujer "No más abuso"

S E INICIABA UN nuevo día, lunes, 21 de marzo de 2016 a las 2:12 de la madrugada, tenía una gran jornada frente de mí, seguir empacando mis pertenencias para mudarme. Se abrían otros horizontes, otra etapa y estaba muy segura que Dios me había traído al estado de Pennsylvania con un propósito, en sus manos estaba el tiempo. Este pasa tan rápido y desde que vine de Puerto Rico hasta el día de hoy ha sido de batallas, retos, logros y de victorias. La nueva oficina se vino a convertir en la sede de los servicios comunitarios que llevamos a cabo en la ciudad de New York y era testigo de lo antes dicho, era un reto y a su vez una victoria. La "Voz" preventiva seguiría fluyendo para gloria de Dios, no más violencia doméstica en las comunidades de fe. Y como causa y efecto ya había recibido varias invitaciones de entidades pro: comunidad en el estado de Pennsylvania.

Existen llamados y llamadas del cielo, alrededor del año 1991 recibí una de ellas causándome gran sopresa, era del pastor de la iglesia la cual yo perseveraba estaba en su corazón crear un ministerio para los solteros adultos. Tenía varios candidatos para entrevistar, el presidente, los consejeros, mi persona como vice-presidenta y lamentablemente dicho proyecto no pudo llevarse a cabo. Como designios de Dios surgió una gran amistad entre el candidato a presidente y mi persona llevándome a conocer una de sus grandes amigas, fundadora de un ministerio, llamado "El lugar de Recogimiento". Al llegar a las facilidades en la avenida Castle Hill en el Bronx, N.Y esto me trajo memorias del refugio Casa Protegida Julia de Burgos, las oficinas eran muy amplias y había varios residentes. Fue una conexión divina al conocer la Rev. Elizabeth Gómez y la semilla sembrada en mi corazón para trabajar con las mujeres maltratadas le echaron agua fresca, el terreno estaba fértil. No pude escaparme del llamado, el fuego estaba lanzando brazas y yo me estaba derritiendo. Por recomendación de la Fundadora, me instó a informarle a mi pastor que yo estaba en el inicio de un ministerio de acuerdo al llamado recibido por Dios y así se lo dejé saber.

Yo estaba muy consciente que este tipo de misión conlleva procedimientos de leyes, mucha documentación y confidencialidad en favor de la protección a la familia. La Rev. Gómez se convirtió en mi mentora, era una de las pioneras en la preventiva a la violencia doméstica en las Comunidades de Fe y el desarrollo del liderazgo comunitario. Me urgía tener la cobertura de un mentor, desde Puerto Rico yo venía con un llamado específico y con los adiestramientos básicos de dicha encomienda.

Con estos elementos, la primera etapa ministerial fue el "Escritorio de la Mujer" ubicados en las facilidades del "El Lugar de Recogimiento". Otra llamada y me fue referida la primera víctima del maltrato, con la experiencia adquirida pudimos trabajar con el caso. En esa época yo estaba recibiendo diferentes adiestramientos de diversas entidades seculares y en el aspecto teológico renombrados profesores nos educaban, era como si yo estuviese haciendo un internado requerido por un colegio. Fueron varias las estudiantes de diferentes Colegios que hicieron su internado en las facilidades ya que dicha entidad ministerial trabajaba directamente con la comunidad: adictos, confinados, desamparados, alcohólicos y todo tipo de problemática.

El desarrollo del ministerio en cierne parecía una gestación. Por tanto, todo ministerio tiene un ADN celestial ya que es producto del llamado de Dios. Te preñas de la visión concebida en amor y nos convertimos en portadores de dicho llamado. Al leer la palabra de Dios vemos en la historia de María, Mateo 1:20 "no temas recibir a María tu mujer, porque lo que en ella es engendrado, del Espíritu Santo es". De tal manera así son los llamados inspirados por Dios para darle la gloria y la honra. Todo es por gracia, Lucas 1:30 "Entonces el ángel le dijo: María, no temas, porque has hallado gracia delante de Dios" ¡Es un privilegio para toda persona poder recibir dicha bendición!

El enfoque del llamado y su nombre:

El llamado ya estaba, el enfoque también y su nombre Ministerio "Levántate Mujer", basado en Cantar de los Cantares 2:10 "Mi amado habló y me dijo; levántate, oh amiga mía y ven".

Al leer el libro de Cantares, atribuido a Salomón rey de Israel (2 Crónicas 9:30 "Reinó Salomón en Jerusalén sobre todo Israel cuarenta años") le mostraba su amor a su amada Sulamita en una manera muy especial. Sus elogios poéticos estaban acompañados del encendido de su pasión. En el Capítulo 4:1 encontramos dichas expresiones como "tus ojos entre tus guedejas como de paloma, tus labios como hilo de grana, como panal de miel destilan tus labios". Ante tales atenciones de amor, su esposa le respondía en el verso 16 "venga mi amado a su huerto y coma de su dulce fruta". El fruto del buen trato producía un ambiente propicio a la intimidad anhelada por ambos.

Es triste cuando en un matrimonio faltan las palabras de amor hacia las respectivas parejas. Las palabras agradables que en un momento existían ahora se convierten en palabras ásperas y luego se trata de forzar una intimidad bajo un ambiente no grato convirtiéndose en abuso sexual. Se llevan a cabo relaciones sexuales sin el consentimiento de ambos usándose la frase de esclavitud "somos marido y mujer y no te puedes negar". Son estas las quejas de la víctima y el temor por la falta de comunicación, le hace quedarse en un círculo de poder y control trayendo grandes consecuencias. Lamentablemente continúan siendo temas tabúes o se toman superficialmente y los actos agravantes siguen manifestándose. Hay mujeres que se atreven a delatar su situación y hay otras que permanecen en silencio. Nuestra labor vino a convertirse en el canal entre las víctimas que rompían el silencio y las entidades gubernamentales que les ofrecían los diversos recursos incluyendo a las víctimas inmigrantes.

La falta de un "toque de amor de un cantar" y todas las responsabilidades que implica un matrimonio hace a las parejas vivir un "libro de lamentaciones". Todo concluye, los matrimonios se disuelven por el maltrato, la víctima y los agresores pasan a la categoría de soltera y soltero. En este cuadro expuestos a las realidades que tenemos en las comunidades de fe, el por ciento mayor de mujeres divorciadas y solteras con familia han experimentado ser abusadas tanto físico, emocional, sexual, económico y espiritual. Los hijos procreados y de crianza son testigos de dichos abusos afectándose en diferentes maneras. El matrimonio es la primera institución creada por Dios y junto a su familia son componentes importantes de la sociedad. Es una victoria cuando una persona rompe el silencio para la restauración de su vida y su futuro.

¿Te has preguntado, cómo tu matrimonio o relación de pareja ha venido funcionando? ¿Puedes decir que hay un "Cantar de Amor" o es un "Mar Seco"? ¿Cuándo ha sido la última vez que te dijeron que te veías hermosa o hermoso? ¿Cuándo fue la última vez que tuvieron una conversación íntima para mejorar las desavenencias que tienen en el matrimonio? ¿Cómo el aspecto espiritual se viene desarrollando? ¿Existe un balance entre las responsabilidades del trabajo, congregación, ministerio y familia?

Medita y responde con sinceridad, es necesario para tu bien espiritual y físico. El alma se liberará cuando saques todo los que estorba en tus pensamientos, recuerda que la comunicación a tiempo es saludable.

Los servicios continuaron desarrollándose y en el año 2000 nuestra responsabilidad ministerial fue plasmada en los documentos de una incorporación. La Misión del Ministerio "Levántate Mujer" un programa cristiano para ayudar a las personas indigentes. Los servicios principales, proveer orientación y prevención a los individuos y a la comunidad en contra de la violencia doméstica. El asesoramiento y referidos para lograr la oportunidad de ser empleados en las diferentes agencias privadas y gubernamentales.

Nuestro enfoque: Concientizar, educar, prevenir, intervenir, asesoramiento. (CEPIA)

Concientizar: Mi púlpito, las comunidades de fe, concientizándoles que la violencia doméstica es un asunto que afecta a los individuos, la familia y por ende la comunidad. La violencia doméstica es un patrón de conducta de una persona para ejercer poder y control sobre su pareja en el contexto de una relación sentimental. Hay diferentes clases de abuso, físico, verbal, emocional, sexual y financiero. Existe el abuso religioso, cuando obligan a la pareja a la sumisión para mantener el control de con quien hablar y cuando les es permitido hablar convirtiéndose en un aislamiento porque las separan de la familia y las amistades. En ese mismo nivel de abuso le obligan a cometer actos sexuales no deseados usando palabras como "la mujer se sujeta al hombre" etc. Es menester que los feligreses reciban el apoyo del liderazgo eclesiástico para romper el silencio de los actos de maltrato que le están afectando. De igual manera no se pueden evadir las querellas en contra de las personas que están perpetrando dichos abusos porque ejercen cargos en el liderazgo, incluyendo pastores. Todo acto de violencia domestica se constituye un crimen. De igual manera tenemos que tomar responsabilidad con las leyes establecidas.

Educar: Todo conlleva educación de la causa y efecto de dichos actos que son penalizados por las leyes estatales y federales. Toda infracción a la ley conlleva una penalidad. Es imperante que se eduque a nuestra gente para romper los patrones de conductas que provienen por conceptos del machismo, religiosidad, aspecto cultural y conceptos mal fundados. El fundamento del rol del hombre y la mujer en los días que vivimos ha perdido el enfoque del matrimonio. Génesis 2:24 Por tanto, dejará el hombre a su padre y madre y se unirá a la mujer y serán una sola carne.

Prevención: En el conjunto de la concientización y de la educación las medidas preventivas juegan un factor muy importante, son las alertas aprendidas llevadas en acción para evitar ser afectado por una relación dañina. Hay señales y actitudes que claramente denotan las intenciones de dicha persona. Cuando una persona ha caído en dichas redes hay que tomar medidas preventivas para salir de ellas. En este particular hay que saber manejar la confidencialidad para evitar ser descubierto el plan preventivo a llevarse a cabo. Ejemplos tenemos de personas que entablasen amistad con desconocidos a través de las redes sociales, han llegado al matrimonio y resulta en un fiasco. En otras ocasiones le han sustraído grandes sumas de dinero. En este particular hay un gran por ciento de hombres afectados en dicha maraña.

Intervención: Es menester aprender las medidas preventivas cuando vamos a tomar acción en la intervención. Todo es un proceso, la víctima tiene que ser concientizada lo que puede ocurrir si no toma las acciones correspondientes a tiempo. Ejemplo, en las comunidades de fe, la mayoría de las víctima vienen callando las incidencias o hablan a medias, si la persona que la está ayudando no se ha percatado del nivel de la situación, la víctima puede detonar en violencia contra el agresor acabando en la cárcel. Por ende, la víctima pone en riesgo a sus hijos. Es esencial que se documente la entrevista con la persona afectada. En este procedimiento es mandatorio que exista un documento de entendimiento y confidencialidad. En nuestra misión le informamos de antemano a la persona que solicita la ayuda de cuáles son nuestras pólizas, el documento llamado "Convenio de Entendimiento" y su firma le otorga la veracidad a su testimonio relacionado a las incidencias que ha venido soportado. Dentro de la confidencialidad que envuelve la sección del entrevistador y la víctima se le ha informado previamente que hay puntos que no pueden ser confidenciales, por cuanto hay que reportar la situación a las entidades seculares y eclesiásticas. La complicidad es un delito ya que se encubre los actos delictivos del perpetrador, poniendo a la víctima en riesgo y a otras personas.

Asesoramiento: Le hemos proveído el asesoramiento al liderazgo que ha venido trabajando en conjunto de nuestros servicios para que pueda trabajar adecuadamente con cada individuo, de acuerdo a su situación. El manejamiento adecuado del caso es un apoyo para que la víctima vaya recobrando la esperanza, que se puede salir del abuso. Como creyentes la responsabilidad en estos casos, es mandatorio.

Concluimos con el cuidado pastoral que las mujeres víctimas reciben después de haber roto con el silencio que las mantenían atadas, en el espíritu, alma y cuerpo. Estas herramientas les han ayudado para alcanzar los beneficios educacionales, de vivienda y sus papeles de residencia. Hemos podido contar con entidades seculares que nos apoyan para ayudar a las víctimas en sus periodos de transición.

Como portavoz de la Concientización a las comunidades de fe mis preguntas son las siguientes:

#1 ¿El sermón llevado en su congregación, hace énfasis de que el maltrato en el hogar es un crimen y es un pecado?

#2 ¿Durante esta semana, cuantas veces ha hecho hincapiés que toda persona que está pasando por algún tipo de abuso en el hogar tiene la oportunidad de romper el silencio y que su testimonio ha de ser confidencial?

#3 ¿Cuáles son las medidas preventivas que se llevan a cabo y con cuan frecuencia?

#4 ¿Qué documentos se manejan cuando se tiene una sección de consejería, asesoramiento o actos disciplinarios?

#5 ¿Qué pasos ha tomado cuando una mujer, caballero o ancianos le ha dejado saber que está siendo maltratado?

#6 ¿Cómo ha manejado el caso de negligencia o abuso sexual en los menores de edad?

#7 ¿Que normas ha tomado cuando le han reportado que la persona que comete un acto criminal de abuso, es un líder eclesiástico?

#8 ¿Qué medidas disciplinarias se ha tomado para los agresores y depredadores sexuales en la congregación o ministerio?

#9 ¿En qué etapa se encuentran los reportes hechos a las autoridades concernientes y a las eclesiásticas sobre los actos delictivos que se han perpetrado?

#10 ¿Cómo el seguimiento a la víctima le ha ayudado para no sentir más el cargo de culpabilidad por haber delatado el perpetrador?

Recuerde siempre que la violencia en el hogar y los abusos contra las personas mayores y los niños no respetan sexo, raza, religión, estatus social, ni edad. El perpetrador lastimosamente puede ser un miembro de la familia, amistades de la misma o el mismo padre, madre, padrastro, madrastra etc.

La palabra de Dios hace mención en el libro de Génesis 4:8-9 Y dijo Caín a su hermano Abel: Salgamos al campo. Y aconteció que estando ellos en el campo, Caín se levantó contra su hermano Abel y lo mató.

4:9 Y Jehová dijo a Caín: ¿Dónde está Abel tu hermano? Y él respondió: No sé. ¿Soy yo acaso guarda de mi hermano?

¿Eres tu un guarda de tu hermano o hermana en la fe? Las víctimas del maltrato y su familia necesitan que les ayude a preservar sus vidas. Vemos tantos Caín que le están matando la libertad de vivir a otros seres humanos. No cometas tú el mismo error y busca ayuda. Si eres la víctima busca la ayuda en personas profesionales en esta área lo más antes posible. No olvides que un gran recurso son los consejeros escolares para que estén al tanto de que tu familia está atravesando una situación delicada. Todos los precintos de la policía ofrecen los servicios para las familias víctimas de la violencia doméstica. ¡Escapa por tu vida!

El resultado de la voz de nuestra labor se escuchaba en las diferentes ciudades, en el 1997 me contactaron para trabajar en un refugio que abrió sus puertas en la ciudad de Westchester County para las mujeres y familias maltratadas. Mi posición vino a ser de consejera advocada y tuve el privilegio de aprender a manejar el hogar de 16 personas incluyendo los menores en el horario de 8:00 am hasta las 4:00 pm de lunes a viernes. Fue una experiencia extraordinaria, pude continuar aprendiendo los requisitos de la documentación, la entrevista inicial al recibir la víctima con su familia, en sus cuerpos traían las marcas de los golpes y sus corazones devastados.

En el manejo de los casos asignados era trabajar con una vida en la escala de cero y que saliera de allí con el concepto de una vida libre de la violencia. Era de gran celebración cuando eran aceptadas en las entrevistas de vivienda, se les había preparado para cuando llegara el tiempo cumplido en el refugio. El favor de Dios seguía fluyendo y los especialistas del Departamento de Servicios Humanos de la ciudad de Nueva York nunca me negaron en acomodar a las familias. Era un momento de resurrección para sus vidas y para mi persona escribir estas memorias en el día de resurrección era un recordatorio de vida en abundancia.

En ese mismo ímpetu nos lanzamos el 3 de junio del 2000 a llevar a cabo una Marcha en Contra de la Violencia Doméstica y recibimos la proclama del Honorable Fernando Ferrer, Presidente del Condado del Bronx. En la preparación de dicho evento, El Diario la Prensa me incluyó en un reportaje como "Latinas que luchan, triunfan y lloran". Ya las lágrimas no son por ser abusada, ahora fluyen en nuestra devoción al Creador que me ha hecho más fuerte para no claudicar. El triunfo, ver cuando lo sembrado produce fruto y que otras personas toman en serio el bienestar de su prójimo uniéndose en apoyo a nuestra labor. Hemos caminado en fe, nuestra meta es poder crear una nueva organización sin fines de lucro y recibir fondos para el desarrollo de los diferentes proyectos.

Cada etapa ministerial ha traído sus recompensas, en el Condado del Bronx, NY, el 27 de octubre de 2004 recibimos la citación de mérito por el entonces presidente del Condado Sr. Adolfo Carrión, Jr. En octubre 2012 Mes Nacional de la Concientización en contra de la Violencia Doméstica recibimos la proclama por el presidente del Condado del Bronx, Rubén Díaz Jr. y por el Senador Rev. Rubén Díaz Sr. Ha sido de gran pláceme recibir la Citación de Mérito por el presidente de la Emisora Radio Visión Cristiana Internacional, Obispo Héctor Chiesa y la Junta Ejecutiva. A este período de reconocimientos se unió la ex Comisionada Yolanda B. Jiménez de la Oficina del Alcalde para Combatir la Violencia Domestica de Nueva York, bajo el nombramiento del ex Alcalde Michael Bloomberg; dirigiéndome una misiva felicitando nuestra labor en la comunidad por el bienestar de aquellos que son afectados por la violencia doméstica. En ese mismo renglón de la preventiva, somos invitado a la Campaña que anualmente se lleva a cabo por Telemundo 47 Nueva York/WNJU "Rompe el Silencio". Son un sinnúmero de llamadas atendidas por prestigiosas entidades que le facilitan los recursos para que puedan recibir la ayuda. En nuestro caso particular "Levántate Mujer" seguimos dándole el seguimiento a las llamadas que hemos atendido.

Es muy importante que el liderazgo esté al tanto de las fechas a nivel estatal y global se llevan a cabo como concientización por el bienestar de la familia. No podemos pasar por alto las leyes establecidas, veamos lo que las leyes del Estado de Nueva York promulga por el bienestar de la familia.

La Ley de Protección a la Familia e Intervención contra la Violencia Doméstica de 1994 establecida por el Congreso de los Estados Unidos conocida en inglés como "Violence Against Women Act" (VAWA) exige que los departamentos policiales respondan a la violencia doméstica como el delito grave que es.

De acuerdo a las leyes penales del Estado de Nueva York que protegen a la familia,

Parte 8- Efecto De los Procedimientos en el Artículo 8- Procedimientos para las ofensas a la familia, la parte 1-Juridicción, sección 812, declara en el artículo 2:5 "si eres una víctima de la violencia doméstica, tú puedes solicitarle a un oficial que te asista en proveerte información de cómo obtener una orden temporal de la orden de protección para la seguridad de la persona y familia", otros remedios incluyen acomodación para estar en lugar seguro, hacer arreglos para obtener las pertenencias que han quedado en el hogar de las incidencias. Ninguna persona indocumentada debe sentirse intimidada por su pareja que la amenaza de denunciarla a las autoridades de inmigración, los remedios de ley la protegen.

Somos testigo de dichos remedios, las damitas que hemos ayudado a través del grupo de apoyo, las Hijas de Zelofehad ha obtenido su residencia y hoy gozan de otros beneficios adicionales. Ha sido un trabajo en equipo junto a mis colaboradores y las entidades seculares que nos dado el apoyo, contamos con la asesoría de entidades recursos.

¡Cuántas mujeres en este mismo momento desconocen que existen unas leyes que las protege, Comunidades de Fe, esta es una oportunidad para extender las Buenas Nuevas de Salud! Las voces siguen corriendo y fuimos contactadas por La Comisión Latina Sobre el SIDA, Presidente Sr. Guillermo Chacón. Fuimos adiestrados para trabajar en "El Proyecto de Liderazgo Religioso Latino" bajo el liderato del Sr. Daniel Leyva, Director del Proyecto, patrocinado por el Departamento de Salud. Nos asignaron un presupuesto de $15.000.00 para llevar a cabo un evento preventivo mensual por un periodo de nueve meses por más de cinco años. Nuestro proyecto llamado "Conocimiento y Salud" en la comunidad nos llevó a diferentes populaciones para la preventiva del VIH/SIDA, nos unió en un compromiso con las diversas comunidades de fe en favor de las necesidades del pueblo. Han sido experiencias que nos enriquecen, trabajar en equipo, ver desarrollar las colaboradoras como Genoveva y su esposo Ángel Acevedo, Rosa Garo, Rosa De la Cruz, Elga Pantoja, Minerva Rodríguez, Sandra Quiñones y mi hija Saura Malavé cumplieron con el cometido requerido. Aprendieron hacer informes, documentación de entradas y salidas del presupuesto asignado, siempre logramos entregar los informes sin déficit. Lo más extraordinario, el Ministerio hacia la inversión de los gastos mensuales y luego nos reembolsaban el dinero junto al pago del estipendio devengado por nuestra labor. Nuestro Dios, Jehová de los Ejércitos siempre ha provisto para todos los proyectos en fe que hemos enfrentado. Siguieron las entidades conectándonos y otra rama del Departamento de Salud y trabajamos con el programa "Take Care New York.

El resultado de nuestra labor en conjunto con las diferentes entidades abrió otro departamento en el Ministerio "Levántate Mujer", la Concientización para los Solteros y Solteras Adultos. Es más allá de una conferencia social, es concientizar de la importancia de edificar relaciones saludables, confrontar los temas tabúes, como las enfermedades transmitidas sexualmente (ETS), el HIV/SIDA, salud mental y todo lo que conlleva para que las parejas lleguen al matrimonio en buenas bases.

Los asuntos a confrontar de la populación de los solteros y solteras es bien amplia como la custodia, la visitación de los menores, la manutención, discapacidad y es de urgencia poner todos los asuntos en orden, antes de que traten iniciar otra relación. El omitir dicha información cometemos acciones abusivas y cuando se descubre afectamos los sentimientos de la otra persona y por ende nos limitamos la oportunidad de ser felices. Todo estriba en causa y efecto y mi experiencia misma de haber tenido un accidente que me ha dejado discapacitada me ha llevado a descubrir asuntos como la discriminación que enfrentan las personas en las entidades de empleo y educación que son actos abusivos que van en contra de las normas de los derechos humanos.

Llegaron nuevas etapas y una de ella ha sido a través de la radio y nos sumergimos en la lluvia de gracia de nuestro Padre Celestial, se comenzaron a escuchar unas cápsulas preventivas a través de las ondas radiales de la Emisora Radio Visión Cristiana, WW RV 1330 AM. Las llamadas llegaban de diferentes lugares de la nación, incluyendo República Dominicana, en el 2006 el Ministerio "Levántate Mujer" vino a ser parte de la programación "La Mujer de Hoy" todos los miércoles de 9:30 am-10:00 am. Una gran audiencia y fueron 1,650 llamadas recibidas de vidas con problemas de maltrato, incluyendo caballeros. Pudimos tomar acción para cada situación, nuestra oficina en la ciudad de New York fueron testigo de las incidencias que hemos tenido que confrontar a mucha honra. El llamado de Dios seguía dando testimonio de su misión, Cantares 2:10 Mi amado habló y me dijo: oh amiga, hermosa mía y ven.

Para gloria de Dios, sus vidas respondieron a los subsiguientes versículos:
11 Porque he aquí ha pasado el invierno, Se ha mudado la lluvia se fue;
12 Se han mostrado las flores en la tierra,
El tiempo de la Canción ha venido,
Y en nuestro país se ha oído la voz de la tórtola"

Efectivamente era el llamado a "Romper el Silencio de la Violencia Doméstica" y testificaban que nunca habían escuchado un programa que hablase de un tema tan controversial en nuestros tiempos. Salió a la luz una realidad que arropaba a la feligresía, el maltrato era el invitado terror de sus hogares. Destaparon otros tipos de maltratos perpetrados por sus propias familias, eran años de apariencia. El cuerpo templo del espíritu santo, era profanado obligadas a tener una relación sexual no deseada, sus oídos escuchaban palabras deshonestas tratándolas de dañar su estima, el valor otorgado por nuestro Creador. Los testigos indefensos como sus hijos e hijas también eran afectados, callaban haciéndose cómplices por el silencio del mal concepto de no hablar "por no hacerle mal al evangelio." La falta de conocimiento y de valor les hacía pasar por alto otros tipos de abusos y no los reportaban.

El libro de Eclesiastés 4:1 Me volví y vi todas las violencias que se hacen debajo del sol; y he aquí las lágrimas de los oprimidos, sin tener quien los consuele y la fuerza estaba en las manos de sus opresores y para ellos no había consolador.

Las mujeres afectadas por los diferentes maltratos: físico, verbal, emocional, económico, espiritual y otros actos delictivos, pudieron ver la oportunidad que el invierno y el infierno de sus vidas pasara y el diluvio de la lluvia se fuese también...

El trabajo llevado a cabo por nuestras colaboradoras se triplicaba, entrevistas con las víctimas, las intervenciones tipo película, las entidades seculares siempre colaborando, los sinnúmeros de folder abiertos con toda documentación y el documento del convenio de entendimiento debidamente firmado. Por tanto, era sabido que podía hacer el reporte a los pastores y concilios si era requerido. De igual manera teníamos colaboradores que nos daban la mano y en algunos eventos contamos con un equipo de seguridad por el bienestar de las mujeres.

¡Que tristeza escuchar las voces de las víctimas indocumentadas no se atrevían hablar con el terror de la deportación! Aprendieron que había unas leyes que las protegían e hicimos uso de dichos recursos. ¡Cuántas mujeres en riesgo de las enfermedades transmitas sexualmente! ¡Cuántos padres y madres llamaban solicitando ayuda para sus hijas e hijos!

La esperanza tocaba a sus puertas, las flores antes marchitas ahora podían mostrarse en un terreno limpio de toda sabandija y escombros que no la dejaban producir. El tiempo de la Canción había venido a sus vidas, era cierto en sus países la VOZ de la tórtola se escuchaba, como menciona el versículo 2:12 del libro de Cantares.

¡La voz de la tórtola! ¡La voz de la tórtola! Me lleva mi mente la presentación de Jesús en el templo, Lucas 2:22 -24. En la ceremonia de la purificación (descrita en Levítico 12:2-8) y dice en el verso 8 Y si no tiene lo suficiente para un cordero, tomará entonces dos tórtolas o dos palominos una para el holocausto y otro para la expiación; y el sacerdote hará expiación por ella y será limpia. Dicha ofrenda era una provisión para las personas que carecían de recursos para hacer ese gasto.

Incluso en las ofrendas de expiación en el libro de Levítico hace mención de las tórtolas como provisión para la ofrenda. Puedo visionar desde Levítico, la tórtola como ofrenda y a María y a José en el templo llevando en sus manos una ofrenda pobre (dos tórtolas o dos palominos) y a su vez a Jesús, el Cordero de Dios, una ofrenda de excelencia. Así que, en este escenario del libro de Cantares el escuchar en nuestro país se ha oído la voz de la tórtola Cantares 2:12 era sinónimo de la libertad, revoleando sus alas como si fuesen nuestros brazos levantando las manos, era el disfrute su hábitat, emitiendo su ronroneo muy a la par con la estación de la primavera. Estoy segura que los amantes de la ornitología estarán de pláceme estudiando esta especie de paloma muy mencionada en las sagradas escrituras.

Mis amigas víctimas del maltrato conocieron el significado de la libertad, conocieron lo que es escuchar y emitir la voz de la gracia de nuestro Señor Jesucristo que nos ha enseñado el valor de una vida abundante. ¿Quién puede ser sordo a la voz de la libertad de nuestro Creador? Hasta el sol de hoy seguimos recibiendo las llamadas de emergencia y llamadas de otras personas que vienen uniéndose a la nueva etapa, por cuanto salieron ya del abuso en el hogar.

Las piedras se movieron y hasta hombres abusivos me llamaban para decirme que peleaban conmigo al escucharme hablar, pero según ellos era porque yo estaba hablando la verdad de la vida que llevaban. Es un triunfo reconocer los errores y buscar la ayuda a tiempo.

Las personas que llevan el mensaje en contra de los abusos perpetrados se encuentran con muchos obstáculos. Mis colegas siempre me dicen "Luz tu llevas una responsabilidad bien grande" y lo sabemos. Agradecemos a Dios por las oraciones y el apoyo que he recibido para seguir adelante en esta nueva etapa, de Pennsylvania para otras Naciones.

Otra llamada, en ese momento era una tocante a un revuelo causado por un artículo escrito en una revista y que ellos no apoyaban sus acciones. Me recordé que unas semanas antes, mi padre Celestial me había dado una palabra por una reconocida adoradora, Nancy Ramírez "que el infierno estaba airado y vendría una prueba para ver si yo claudicaría al llamado y la responsabilidad que implica pero que Él estaría conmigo" y me fui a disfrutar de unas semanas de vacaciones en la Florida.

Efectivamente, que escándalo el escrito de un tal "Napoleón" que había entrevistado a "dos ministros sin nombres" (no quisieron revelar sus nombres) alabado sea Dios por la autoridad del cielo que me ha dado, que dos personajes "se hacen llamar ministros" no se atreviesen a darme la cara a esta servidora Hija del Dios Altísimo. ¡Qué vergüenza para sus esposas, su familia!

Dichos personajes sin nombre, decían que "yo era la hermana de voz dulce y sutil que invita a mujeres abusadas a denunciar sus parejas".

Increíble, eran parte de mi audiencia, por lo visto declararon la verdadera intención de sus corazones, como son abusadores no quieren que las mujeres maltratadas pidan ayuda a las autoridades cuando la misma palabra de Dios dice en Romanos 13:1-4 Sométase toda persona a las autoridades superiores; porque no hay autoridad sino de parte de Dios y las que hay por Dios han sido establecidas.

2-De modo que quien se opone a la autoridad, a lo establecido por Dios resiste y a los que resisten, acarrean condenación para sí mismo.

3- Porque los magistrados no están para infundir temor al que hace el bien, sino al malo. ¿Quieres, pues, no temer a la autoridad? Haz lo bueno y tendrás a alabanza de ella;

4-porque es servidor de Dios para tu bien, Pero si haces lo malo, teme; porque no en vano lleva la espada, pues es servidor vengador para castigar al que hace lo malo.

La palabra de Dios habla por sí sola y en la autoridad otorgada por Dios, pude encarar al propietario de dicha revista frente a dos testigos y decenas de ojos estaban presente y le dejé saber por cuanto se confabuló con dichos enmascarados, que tiran la piedra y esconden la mano, en su momento yo escribiría un libro mencionando esta incidencia que definitivamente ha confirmado lo que venimos concientizando, "EN LAS COMUNIDADES DE FE HAY MUCHOS HOMBRES ABUSADORES ENCUBIERTOS".

Levántate Mujer "No más abuso", bendecido sea Dios, que me ha regalado esta oportunidad, que las piedras que me han lanzado, hoy me están haciendo un nuevo camino para andar. Salmo 118:13 Me empujaste con violencia para que cayese, pero me ayudó Jehová.

A todos los lectores, que desean obtener los detalles de este artículo para corroborar mi argumento, en toda confianza puede escribirnos al email: *levantatemujer1@yahoo.com*. Considero que es una clara evidencia para estudio de un análisis a nivel de las infracciones de ley presentadas, el aspecto psicológico, la motivación y el carácter presentado. Queremos saber de su opinión y que medidas preventivas tomaría. Ah referente de "la voz dulce y sutil" esa genética viene de mi madre que tiene una voz dulce, nos reímos de los peces de colores y de las pirañas. ¡Qué bueno es Dios por la herencia que me ha tocado!

Llegaron otras oportunidades del cielo y hay que aprovecharlas. Pude finalizar mis estudios en el Seminario Teológico de Nueva York, obteniendo el certificado al Ministerio en el año 2005. Ordenada a pleno ministerio por la American Ministerial ", en el 2007, Apóstol Dr. Ángel M. Torres, presidente. Mi meta una Maestría y debo decidir para el 2017 con el favor de Dios. Hay un legado que Dios me ha permitido y es este otro punto a considerar, que no debe congregarse en lugares que no le den la oportunidad para ser ordenados a pleno ministerio, dichas prácticas se constituyen en abuso espiritual.

Hay privilegios otorgados por Dios, fui invitada como oradora y conferencista en Marzo 2006, el Mes Internacional de la Mujer por el Honorable Abel Nazario Quiñones, alcalde de Yauco el Pueblo del Café, para celebrar la Noche Nacional Pro Restauración Femenina junto a las comunidades de fe, Organizaciones sin fines de lucro y al público en general. La experiencia de ser la facilitadora de un adiestramiento a los empleados del Municipio nos da un sentido de patriotismo, como puertorriqueña es volver a mis raíces para dar lo que de gracia he recibido. El disfrutar de la plaza pública, ser hospedada en un lugarcito bien autóctono de mi patria, almorzar con el alcalde, Sr. Nazario y un grupo de sus ayudantes disfrutando del verdor del área, complementaron mi estadía.

Hubo otra avanzada y llegamos a la República Dominicana, la preventiva fue precisa y pudimos operar una oficina por un tiempo razonable. Como siempre, creándole conciencia al liderazgo para que tomen acción en las tantas incidencias y maltratos en los hogares. Logramos apoyar una abuela en el cuido de un nietecito que tenía el virus del VIH y su madre había fallecido. Siempre hay personas con un gran sentido de humanidad y pude contar con una maestra retirada que le impartía clases al niñito en su propio hogar. Estos son efectos de abuso y control hacia la mujer, no se protegen en sus relaciones íntimas a sabiendas que son portadores del VIH.

En todas estas vivencias que le he presentado en cada página, escrita con el corazón mi mayor deseo es que usted pueda analizar su vida y se levante. No sea usted parte de una estadística más, léase con detenimiento las causa y efecto del maltrato.

Causa y Efecto:

Las estadísticas, son claras y ningún ser humano tiene porqué vivir bajo un yugo de los siguientes actos; una de cada tres mujeres en el mundo ha sufrido maltratos físicos, verbales, emocionales, económicos, sexuales y hasta espirituales en algún periodo de su vida. Una de cuatro mujeres que se han suicidado han sido testigo de algún tipo de abuso y otras que están encarceladas han herido o le han quitado la vida a su agresor o agresora.

Los niños y las niñas que viven en un hogar de abuso se afectan mucho, se unen con personas y grupos que presentan una mala conducta, es la manera de ventilar su rencor y frustraciones practicando sus actos delictivos en la comunidad.

En otros casos su estima se afecta y se aíslan de las demás personas. Por ende, sus estudios se afectan y su estado de salud se quebranta. Lo más triste es cuando la víctima les obliga a guardar silencio en la escuela, familiares y en la iglesia. Son cargas muy pesadas que se les impone creándoles un complejo de culpabilidad.

En la salud, muchos sufren de trastorno alimenticios y psicológico como falta de apetito o comer sin mesura por la ansiedad producida. El uso de las drogas y narcóticos controlados es como un escapismo de la realidad que les atrapa y les induce atentar contra ellos. Es un cuadro muy aterrante ya que desconocemos todos los pensamientos negativos que las tinieblas producen para destruir una vida.

El circulo sigue entrampando a la familia, la víctima proyecta en alguno de sus hijos e hijas sus frustraciones y a su vez el medio de comunicarse son los gritos, empujes, peleas para expresar los patrones aprendidos.

Creo que una vez más ha llegado el tiempo para rectificar de nuestras acciones y es menester hacer cambios. Hoy puedo sentirme en una nueva libertad que me renueva, he podido plasmar mi sentir de la misión que me ha dado el Trino Dios para su gloria y honra compartiéndola con todos ustedes queridos lectores. Iniciamos el primer capítulo en los días cercanos a la celebración de mis 61 años y hoy cerramos el último capítulo a pocos días de cumplir mis 62 años a celebrarse en agosto 14.

Un año en días y noches donde mi Salvador, me ha venido recordando el bien que ha hecho a mi vida. Hoy puedo compartir contigo y unirnos en un grito bien grande de concientización. Que ese grito tome fuerza cuando en diciembre de este año 2016 lleguemos a mi querida isla Puerto Rico y que podamos allegarnos a la República Dominicana y la voz unida de mujeres y hombres griten, Levántate Mujer "No más abuso".

Promo de mi primera revista
Rev. Luz C. Pizarro junto al Presidente del Condado del
Bronx, NY Rubén Díaz, Jr y la ex Comisionada Yolanda B.
Jiménez (Office To Combat Domestic Violence) de espalda.

Luz de Esperanza

La Revista "Levántate Mujer" ha nacido como Herramienta para el Desarrollo de la Mujer y Familia en la sociedad en que vivimos. Es un "entrelazar" de los servicios humanos que proveen las entidades gubernamentales, sociales y religiosas; con el ser humano. Con el propósito de obtener una mejor calidad de vida en el ámbito personal y colectivo. Es promover el desarrollo de las destrezas y talentos de las Mujeres en las Comunidades de Fe para lograr sus metas.

Un gran % de las Mujeres de Hoy han sido afectadas por diferentes tipos de abusos ej: Violencia Doméstica y en otros casos han sido afectadas por accidentes o enfermedades que en muchos casos le ha impedido lograr sus metas.
Es menester proveerles con los servicios adecuados y romper con aquellas barreras que les impide poder levantarse y marcar una nueva página en sus vidas.

Queremos establecer becas de estudios para jóvenes emprendedores de bajos recursos y mujeres que quieren retomar sus metas educacionales; prioridades Mujeres que han sido afectadas por la Violencia Doméstica y otras que por alguna circunstancia en su vida son parcialmente discapacitadas.

Esperamos su apoyo y sea parte de "Levántate Mujer" La Revista ...

Rev. Luz C. Pizarro

Nota: Ministerio "Levántate Mujer" en su participación en el evento: Marcha Anual de las Novias en Memoria de Gladys Ricart y víctimas de la violencia doméstica junto al presidente del Condado del Bronx, NY, Rubén Díaz, Jr, la ex Comisionada Yolanda B. Jiménez (Office To Combat Domestic Violence) y Mujeres Latinas de Nueva York en contra de la violencia doméstica. Entre ellas las activistas Grace Pérez, Mireya Cruz y María Lizardo.
Precursora de la Marcha: Josie Ashton
Memorial: Septiembre 26. ¡No puedes faltar!
www. Bridesmarch.com
Coordinadora: Grace Pérez bridesmarch@aol.com

S MADRES

POR IVIS ENRIQUE - Lucy Pizarro acompañada por su nieto Joseph Torres el pasado 15 de abril en una de las actividades que realiza "Levántate mujer" en la iglesia cristiana Fuente de Vida.

Levántate mujer

IVELIN PAREDES
Nueva York

"¡Levántate, o amiga mía, hermosa mía y ven!", dice Lucy Pizarro con emoción al recordar las palabras de la Biblia que la hicieron tomar valor y seguir luchando por la vida.

Pizarro, como muchas madres fue víctima de la violencia doméstica a los 24 años en su natal Puerto Rico.

Como madre Pizarro quería salvar a su hijo y a ella misma de los golpes que le daba su esposo y se religió en la Casa Julia de Burgos, en aquel entonces situada en Puerto Nuevo.

En el nuevo hogar, Lucy encontró amigas con quien desahogarse, a compañeras dedicadas a la religión, que buscaban un camino diferente y no tan maltratado en la vida.

Trece años después, Pizar-

rro, de 46 años de edad, abuela, reside en El Bronx y preside la organización "Levántate mujer", la cual lucha contra la violencia doméstica.

"Hoy me encuentro con ganas de seguir adelante. Estudio Social en Mercy College", indica Lucy, quien agrega ", hace cinco años que estoy con la organización, ayudo a las mujeres de diferentes formas, les doy ropa, consejos, y hasta les pago el taxi".

"Levántate mujer" no sólo le da una mano a las mujeres sino que les dicta clases a los hombres y esposos que les pegan a sus compañeras o esposas, porque según Pizarro, en algunos casos ellos presentan problemas de infancia, y en otros también son víctimas de la violencia doméstica.

Latinas que luchan, triunfan y lloran

Junio 2000 Primera Marcha en Contra de la Violencia Doméstica
en el Condado del Bronx, por el Ministerio "Levántate Mujer", Inc.

Adoradores: Agrupación Sonidos de Fuego
Directora Rev. Maria Rivera y Subdirectora Ruth Irrizary Barragan

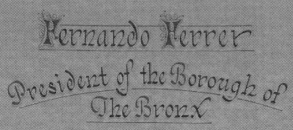

Fernando Ferrer
President of the Borough of The Bronx
Presents this

Proclamation

Whereas: Levantate Mujer Ministries is holding a march to address domestic violence and bring people from throughout our community together in an effort to confront this issue; this event seeks to help the victims of domestic violence and assist those whose lives have been affected it, and

Whereas: This event could not exist without the participation of the many dedicated volunteers who have given of their time and talent in order to make this day possible; by availing themselves for this cause, they have demonstrated their tireless devotion to others and dedication to bettering our community, and

Whereas: Now, more than ever, we have the responsibility to stress the importance of building communities and exercising leadership; the Levantate Mujer Ministries Rally Against Domestic Violence strives to achieve that goal and build a brighter future for all New Yorkers.

Now, therefore, I, Fernando Ferrer, President of the Borough of The Bronx, do hereby proclaim June 3, 2000

"Domestic Violence Prevention Day"

La Gran Parada del Niño Cristiano
Presidente Rev. Luis Serrano.

Carroza del Ministerio "Levántate Mujer" y El Templo del
Dios Viviente, Pastor Rev. Dr. Nicanor González, Asistente
Superintendente Concilio Asambleas de Dios, Distrito del Este.

Latino Religious Leadership Project

Welcomes

Ministerio Levántate Mujer

member of Construyendo
Con Fe 2005. We welcome
their participation in our
response against HIV/ AIDS
in our communities.

Bethsy Morales
Project Coordinator

Ana Orozco
Project Coordinator

Guillermo Chacon
Project Director

CERTIFICATE OF PARTICIPATION

THIS INITIATIVE IS SPONSORED BY THE NYC DEPARTMENT OF HEALTH/ HIV PREVENTION, NYS
DEPARTMENT OF HEALTH/ AIDS INSTITUTE COMMUNITY DEVELOPMENT INITIATIVE.

Ministerio "Levántate Mujer" Inc

CORDIALLY INVITES YOU TO A
BANQUETE: PROYECTO "MANOS A LA OBRA"
OCTOBER
DOMESTIC VIOLENCE AWARENESS MONTH

October 12, 2012
12:30pm - 4:30pm

"Manos a la Obra" (promo de invitación)
Proclamas otorgadas: Presidente del Condado del Bronx, Rubén
Díaz, Jr. y de la Oficina del Senador, Rev. Rubén Díaz

REV. LUZ C. PIZARRO

THE CITY OF NEW YORK
OFFICE OF THE MAYOR
NEW YORK, N.Y. 10007

YOLANDA B. JIMENEZ
COMMISSIONER
OFFICE TO COMBAT DOMESTIC VIOLENCE

(212) 788-3156

13 de octubre, 2012

Rev. Luz Pizarro
"Levántate Mujer" Inc.

Estimada Reverenda Pizarro e invitados:

Es un placer tener la oportunidad de felicitar el trabajo de "Levántate Mujer" por el bienestar de aquellos que son afectados por la violencia doméstica.

En demasiadas ocasiones, la violencia doméstica es un crimen que se sufre en silencio. Pero es importante que toda víctima sepa que no está sola: que aquí en la Ciudad de Nueva York el gobierno del Alcalde Michael Bloomberg está comprometido con cada una de ellas y sus familias.

Ese compromiso es palpable en los Centros de Justicia Familiar que han sido establecidos por mi oficina – la Oficina del Alcalde para Combatir la Violencia Doméstica – dónde víctimas pueden recurrir a servicios de consejería, asistencia legal y migratoria, así como apoyo educativo y vocacional. Y todos estos servicios son accesibles en varios idiomas, sin importar el estatus migratorio de la víctima, y totalmente gratuitos.

La aportación de grupos comunitarios y campañas como "Levántate Mujer" contribuyen enormemente a estos esfuerzos. En conjunto, ofrecemos esperanza a un sin número de víctimas y les damos las herramientas necesarias para lograr una vida segura y libre de abuso.

Les deseo un gran evento,

Yolanda B. Jiménez

Carta de la Oficina del Mayor

LEVÁNTATE MUJER

Proclama y Citación de Mérito otorgado por el
Hon. Adolfo Carrión Jr., expresidente Condado del Bronx.

Certificado de Mérito: Otorgado por la
Emisora Radio Visión Cristiana.
David Malavé Pizarro, Rev. Lucy Pizarro y Cesar Lantigua-
Director Noticias de la Emisora R.V.C, Presidente-Fundador
UDCLA-Unión de Comunicadores Latinos-americanos en USA

REV. LUZ C. PIZARRO

Foto de portada de la segunda revista

ESTADO LIBRE ASOCIADO DE PUERTO RICO
GOBIERNO MUNICIPAL DE YAUCO
APARTADO 1
OFICINA DEL ALCALDE
YAUCO, PUERTO RICO 00698
TELÉFONO (787) 856-1345

Abel Nazario Quiñones
Alcalde

7 de marzo de 2006

SRA. LUZ C. PIZARRO
LEVANTATE MUJER, INC.
BRONX, NEW YORK

Distinguida Sra. Pizarro:

Reciba un saludo caluroso desde el Pueblo del Café: Yauco, Puerto Rico. Para mi es de sumo placer y un gran honor poder recibir a tan Distinguida Luchadora el próximo miércoles, 22 de marzo de 2006 en ocasión de celebrar nuestra Noche Nacional Pro Restauración la Femenina en Yauco; noche de convicción donde junto a las Comunidades de Fe, Organizaciones Sin Fines De Lucro y Público en General estaremos realzando la valiosa aportación de la mujer puertorriqueña en el desarrollo social, moral y espiritual de nuestro pueblo y nación.

Como es de conocimiento, esta actividad tiene como propósito existencial llevar un mensaje de esperanza a tantas otras mujeres abatidas por la Adicción a sustancias controladas y Alcohol, Víctimas de Violencia Doméstica, Maltrato, Incesto, Violación, VIH, Pacientes salud Mental, entre otras. Por tal razón, será de gran edificación contar con su testimonio y aportación como Oradora Oficial y Conferencista de tan merecido acto que se extiende a los días 23 y 24 de marzo de 2006.

Agradeceremos sus oraciones para que este servidor y su equipo de trabajo continúen siendo el canal por donde el amor y la misericordia de Dios corran a través del servicio incondicional a nuestro pueblo de Yauco, a nuestro Puerto Rico y al mundo en general.

Sin otro particular a que referirme, y esperando su pronta visita; quedo

Cordialmente,

Abel Nazario Quiñones
Alcalde

jfr/anq

La carta del alcalde de Yauco, Puerto Rico.

REV. LUZ C. PIZARRO

LEVÁNTATE MUJER "NO MÁS SILENCIO"

Jackie Bido
Safe Horizon Coordinadora de Restitución
Corte Criminal del Condado del Bronx NY 10451
Asesora Ministerial: Levántate Mujer

Rev. Lucy Pizarro
Fundadora: Ministerio "Levántate Mujer" Inc.

Nuestra participación en Telemundo 47 New York/WNJU,
campaña anual contra la violencia doméstica "Rompe el Silencio".

CRUZANDO FRONTERAS

Convención: Ministerio Femeniles Asambleas de Dios

Iglesia Asambleas de Dios, Trenton N.J
Pastores José y Lydia Rodríguez

Rev. Pizarro, grabando las cápsulas preventivas por
la Emisora Radio Visión Cristiana 1330 am.

Trabajando en Unidad

No a la Violencia Intratamiliar!

Heavenly Vision- Pastores: Sal y Kenia Sanino

Iglesia La Puerta Estrecha: Pastores Pedro y Ana Olivieri

Vision Church -Pastores Emilio y Marisela Quintero

Say No To Domestic Violence Conference

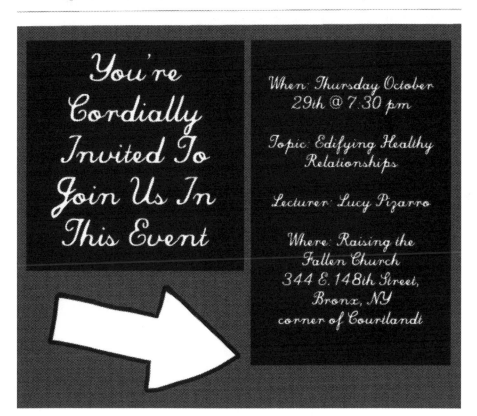

You're Cordially Invited To Join Us In This Event

When: Thursday October 29th @ 7:30 pm

Topic: Edifying Healthy Relationships

Lecturer: Lucy Pizarro

Where: Raising the Fallen Church 344 E. 148th Street, Bronx, NY corner of Courtlandt

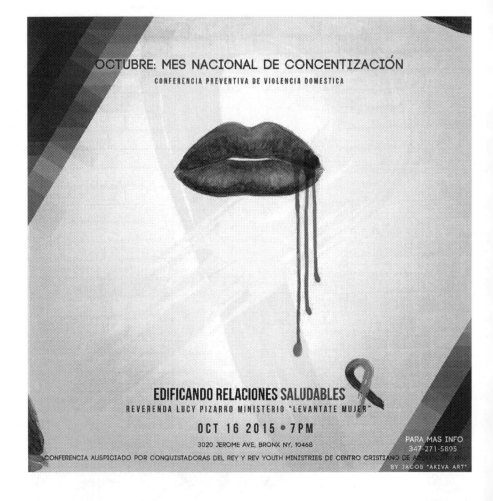

REV. LUZ C. PIZARRO

Primer Congreso: Mujer Instrumento de
Poder en las manos de Dios.

Raúl García- Pastor de Misiones: City of Hope
Missionary Church(Obispo Christy Farrait)

Levantatemujer1@yahoo.com
arisewoman1@yahoo.com

EMERGENCIAS FAVOR DE LLAMAR AL 911

Para mayor información favor de contactar los precintos de la policía de tu área, las entidades locales que trabajan con la víctima de la violencia doméstica.

dedicados a fortalecer la confianza de victimas para superar la crisis
Call for help (llámenos para ayuda 1.800. 621.HOPE (4673)
718-590-2355
Bronx Criminal Court)
http://www.safehorizon.org/

www.latinoaids.org
212-675-3288

27 de junio- Día Nacional de la Prueba del VIH
15 de octubre- Día Nacional Latino para
la Concientización del SIDA
1 diciembre- Día Nacional de la lucha contra el SIDA

FUTUROS EVENTOS 2016-17

ESTAMOS DE CAMPAÑA "Un regalo de Navidad"
Pro: Fondo Misión Puerto Rico en Navidad, 2016.
Propósito: Llevar una donación al primer alberque creado en Puerto Rico, Casa Protegida Julia de Burgos, proveerles con una Cena Navideña, obsequios para las residentes y sus familias.

Apoyo espiritual: Testificarles lo que Dios ha hecho en mi vida desde ser una residente del refugio, y ahora una activista en contra de la violencia doméstica. Quiero que puedan leer este libro, Levántate Mujer "No más abuso" como un recurso para que puedan seguir adelante en una vida fuera del maltrato. ¡Para Dios no hay nada imposible!

Rev. Luz C Pizarro-Fundadora Ministerio "Levántate Mujer" Inc.
Información: 646-305-4221
Email:levantatemujer1@yahoo.com
Facebook.com/ministeriolevantatemujer
Email: *arisewoman1@yahoo.com*
Colaboradoras en Puerto Rico Rev. Maritza Nelson y Elizabeth Pizarro

****

OCTUBRE 2016.

Allentown, Pennsylvania
Octubre: Mes Nacional de Concientización en Contra de la Violencia Domestica y del Cáncer en el Seno.
Levántate Mujer y vístete de rosa o de púrpura en apoyo a las afectadas por el cáncer y el maltrato.
Noviembre 25, **2016.** Día Internacional de la Eliminación de la Violencia contra la Mujer. Primer Año de la Nueva Oficina Sede del Ministerio

"Levántate Mujer" en Allentown Pennsylvania. Une tu voz al Clamor por las mujeres maltratadas y en contra todo espíritu de violencia en la familia.

Diciembre 2016

DÍA
MUNDIAL
CONTRA
EL SIDA
1 de diciembre

Alcance preventivo: en la Comunidad de Allentown, Pennsylvania.! ¡Únete!

Allentown, P.A

En agenda: Diciembre 3, 2016 (10:30 am- 1:00 pm)
Koinonia: Pro-fondo: "Un regalo de Navidad, para las Mujeres Maltratadas"
Lugar: Ministerio "Levántate Mujer" Inc.
Rev. Lucy Pizarro @ 646-305-4221

Diciembre 14, 2016 En Misión a Puerto Rico
Campaña "Un Regalo de Navidad" para Casa Protegida Julia de Burgos
Colaboradora en Puerto Rico: Rev. Maritza Nelson- Ministerio Génesis Internacional NYC.
Info: 718-916-1025

Enero 2017

*Reuniones del Proyecto: Con el favor de Dios, Volvemos a la República Dominicana.
email:levantatemujer1@yahoo.com
Pastor Josué Sánchez -Iglesia Cristiana Misionera del Movimiento Iglesias Cristianas Misioneras, Inc.
Ciudad Esperanza, Providencia Valverde, R.D
Presidente de Asociación de Pastores Iglesias Evangélicas Esperanzas, Inc. (ASPIEE)

Marzo 2017

Mes Internacional de la Mujer
Iglesia Oasis de Amor, Concilio Asambleas de Dios
614 N13 th St. Allentown, PA 18102
Pastores: Kevin y Sandra Polite

Iglesia Nuevo Comienzo TPG- Pastores Javier& Gigi Marcano
501 S 18th St. Reading, PA 19606

Para mayor información favor de contactarnos al Ministerio "Levántate Mujer" Inc
Email:levantatemujer1@yahoo.com arisewoman1@yahoo.com

Próximamente, Nuevo Enlace

Por: Facebook.com/ministeriolevantatemujer

Las fotos que no se pudieron publicar por este libro, Levántate Mujer "No más abuso" han de ser publicadas a todo color y en cada capítulo en el nuevo enlace. Como lector, queremos saber del efecto causado a su vida. Muchas bendiciones.

AGRADECIMIENTOS

TODA CAUSA TIENE un efecto y la nuestra en contra de la violencia doméstica ha podido contar con personas, entidades religiosas y seculares que han unido su voz en la concientización. No puedo pasar por alto a la apreciada audiencia que por años ha venido asistiendo a nuestros eventos, que nos han manifestado escucharnos en el ex programa radial, las cápsulas preventivas por la emisora Radio Visión Cristiana Internacional y las redes sociales para gloria de Dios.

Actualmente el Ministerio "Levántate Mujer" se encuentra en una nueva etapa y ya estamos ubicados en una nueva oficina en la ciudad de Allentown, P.A desde el 25 de noviembre de 2015. Un dato muy particular, esa fecha es designada como "El Día Internacional de la Eliminación de la Violencia contra la Mujer" en honor a las valientes hermanas Patria, Minerva y María Teresa Mirabal de la República Dominicana que perdieron sus vidas bajo la dictadura de Rafael Leónidas Trujillo.

A la voz del llamado en esta jornada de fe, que necesitábamos rentar las nuevas facilidades, mi amada mentora Obispo Elizabeth Gómez dijo presente, mi asesora Ministerial Jaquie Bido, (Safe Horizon-Coordinadora de restitución), mis amigas la adoradora Ligia Prescod, Genoveva Acevedo, Evelyn Torres de Nueva York las secundaron.

La voz llegó hasta la Rev. Zoraida Rivera, al pastor de jóvenes Raúl García y otros caballeros se unieron a la voz, Felix R. Díaz y Clemente Richardson. Mujeres como Leonor Mejías, Dorkas Cáceres y Urbana Parrilla nos ayudaron a levantar las donaciones. Mis amigas seguían apoyando y la Rev. Evelyn Santiago, la misionera Zoraida Urbina y Delia Pérez cerraron con broche de oro, la primera fase.

Las comunidades de fe como Heavenly Vision, pastoreada por Salvador y Kenia Sabino abrieron sus corazones y las puertas de sus congregaciones para que le lleváramos la dinámica educacional al liderazgo. Fue un responder genuino y la preventiva cumplió con las expectativas.

La Puerta Estrella, Inc; pastoreada por el Pastor Pedro Olivieri, dijeron aquí estamos y pueden usar nuestras facilidades para que se lleven eventos comunitarios y la Iglesia Ciudad de Esperanza, (City of Hope) pastoreada por la Obispo Christy Farrait una vez más se unían al mover de Dios pro las familias víctimas de la violencia doméstica. Nuestras nuevas facilidades fueron más que bendecidas por su colaboración.

El mover de Dios seguía tocando lugares y fui invitada a ser parte de un Congreso, Mujer Instrumento de Poder en las Manos de Dios en la Iglesia Pentecostal Washington Heights, Distrito Este Asambleas de Dios-Pastor Carlos Reyes. Una anécdota muy curiosa que el Hno. Deyvi, esposo de la presidenta de las damas Samaria Cortés, desde el 2015 fue quien le recomendó a su amada a que me invitaran a ser una de las exponentes. Toda la gloria es para Dios y de esa manera otras hermanas y amigas como Myrna Pérez llevaron la voz abriéndose así las puertas en la Iglesia Cristiana Nuevo Amanecer, pastoreada por Eliezer y Martha Soto en Bridgeport CT. La iglesia Pentecostal Voluntad de Dios, pastoreada por José Luis y Ana Aguilar abrazaron la misión.

Es un trabajo de equipo y en momentos de 911 mis amigas Rev. Mildred Pruna, Juana García, Dulce María Mena han respondido.

Allentown sintió el toque y la Pastora Sonia y Josué D. Plaza dijeron de igual manera, aquí están las facilidades disponibles, ya que entidades seculares querían unir sus servicios con la labor que por décadas llevamos en la ciudad de Nueva York.

Ha sido una jornada de etapas y damos gracia a Dios por la Iglesia Pentecostal de Hempstead, NY pastoreada por el Rev. Eliezer Reyes, Ministerio Señor y Rey pastoreada por Maximino y Helen Gómez por mis grandes amigos, Pastor Rolando y su hija la adoradora Jailene Reyes, Iglesia Discipulando las Naciones que sembraron en terreno fértil.

¡Agradecemos sus oraciones, su apoyo, la valentía de romper el silencio con hechos por cuanto sienten la empatía por ver las vidas libres de la violencia doméstica y disfrutar del proceso de la restauración!

Dios les bendiga hoy y siempre, gracias por hacer la diferencia. Mi oración, que usted pueda ser parte de esta nueva etapa del Ministerio "Levántate Mujer" y verles en los próximos eventos a llevarse a cabo.

Su amiga Rev. Lucy Pizarro-Fundadora 646-305-4221
Ministerio "Levántate Mujer" Inc
Email:levantatemujer1@yahoo.com   arisemujer1@yahoo.com

REV. LUZ C. PIZARRO

UNA NOTA DE AGRADECIMIENTO

EN LOS ÚLTIMOS años desde 2012 hasta hoy ha pasado por diferentes jornadas; pero en todo agradezco a Dios por la fortaleza que me ha dado. Ha sido un cambio radical de vivir en New York para radical en Pennsylvania en el tiempo asignado por Dios. En ese tiempo estuve siendo miembro activo en el Templo del Dios Viviente del Concilio Asambleas de Dios, distrito hispano del este pastoreada por el Rev. Dr. Nicanor (asistente del superintendente Rev. Manuel A. Álvarez) junto a su amada esposa Emérita González en el condado del Bronx.

Mi agradecimiento por sus consejos, por participar en los eventos que llevamos a cabo y sobre todo saber respetar lo que Dios me ha encomendado. Un abrazo a la amada congregación y a las amistades que me ha dado.

Y aquí en la ciudad de Bethlehem P.A agradezco a Teresa y Freddy por su apoyo en esta jornada de la recopilación de la revisión de cada capítulo. Ellos solo quisieron que le escribiera su nombre y respeto su decisión, pues sus apellidos los conoce el Señor. A la familia Bulted por unirse a las carreras de emergencia en este proceso.

Mis bendiciones y gracias mil por su semilla de amor a la encomienda de los nuevos proyectos comunitarios que tengo en el corazón para la gloria de Dios y creo que con su ayuda podemos lograrlos.

Rev. Luz C. Pizarro
Ministerio "Levántate Mujer" Inc.
646-305-4221

Notas de Luz: No hay un mañana si en la noche no aprendes a ver la luz. No hay luz si no abres las cortinas de tu corazón.

Printed in the United States
By Bookmasters